LO QUE NADIE HABLA DE LAS VENTAS

Estrategias para no ser llamarada de petate

WENDY RAMÍREZ

LO QUE NADIE HABLA DE LAS VENTAS

Estrategias para no ser
llamarada de petate

Lo que nadie habla de las ventas

Estrategias para no ser llamarada de petate

©Wendy Ramírez
Todos los derechos reservados
Certificado de Propiedad Intelectual: 2407018455095
ISBN: En trámite
Primera Edición: agosto, 2024

Reservados todos los derechos. Queda rigurosamente prohibida, sin la autorización por escrito de la autora, bajo las sanciones establecidas en las leyes, la reproducción parcial o total de esta obra, así como su incorporación a un sistema informático, su transmisión en cualquier forma o por cualquier medio, sea este electrónico, mecánico, por fotocopia o por grabación, excepto en el caso de breves reseñas utilizadas en críticas literarias. También queda prohibida la distribución de ella mediante alquiler o préstamo público.

Edición: SER Editorial
Corrección de estilo: Mauricio Rumualdo
Diseño de portada: Aranza Villalobos
Diseño editorial interior: Aranza Villalobos

Impreso en México / Printed in Mexico

ÍNDICE

Prólogo   11

PRIMERA PARTE:
UN PROCESO CHINGÓN DE VENTAS   15

Capítulo 1 | ¿Por qué tus clientes te mandan a la chingada?   16

Capítulo 2 | El proceso de ventas   34

Capítulo 3 | Los tipos de vendedores   64

Capítulo 4 | Herramientas para vender mejor   78

Capítulo 5 | ¿Las ventas son para ti?   92

SEGUNDA PARTE:
UN *MINDSET* IMBATIBLE   107

Capítulo 6 | La importancia de la mentalidad   108

Capítulo 7 | Construye tu futuro desde ahora   124

Capítulo 8 | Un cambio de hábitos — **140**
Capítulo 9 | Motivación vs. constancia — **156**

Conclusión — **171**
Agradecimientos — **177**
Sobre Wendy Ramírez — **179**

Para ti, mami (Arcelia Campos), que me has enseñado el amor a las ventas, la disciplina y la resiliencia.

Para ustedes, hermanas (Mony y Chely), que han sido mi fuerza en momentos difíciles.

Las amo con el alma.

PRÓLOGO

Alrededor de veinte años trabajando en las capacitaciones de ventas han sido suficientes para darme cuenta de que los estados emocionales definen nuestros resultados. Muchas veces, las personas al ingresar a puestos comerciales llegan con toda la energía, dedicación y se ponen a vender; al cabo de un par de meses, puedes notar que esa misma gente que llegó con todo, parece como si se les hubiera terminado la batería, como si ya hubieran olvidado las sensaciones, emociones y estados interiores que los acompañaron al momento de vender.

Existen problemas en las organizaciones, tales como la rotación de personal, claro, porque al momento de dejar de vender, la gente deja de tener ingresos, así como problemas de flujo por la misma razón y vemos entonces cómo el maíz se va desgranando, convirtiéndose en muchas ocasiones en un problema serio que puede llegar a hacer que una empresa baje las cortinas.

Tengo más de veinte años de experiencia en ventas, trabajando no solamente en las áreas comerciales, sino ayudando a que las personas puedan generar los "cómo sí" en la parte comercial. He buscado herramientas y estrategias, todo siempre para la aplicación de las ventas, desde PNL (Programación Neurolingüística) hasta neurociencias aplicadas a las ventas.

Por eso, en este libro describo algunas tácticas y estrategias de ventas que podrán servir para mejorar tus números y los de tus equipos. Adicional a eso, de lo que nunca se habla es de cómo mantener y permanecer en estados emocionales que nos sean de gran utilidad y 100% aplicables, desde el día uno.

Muchas veces las personas solemos ser "llamarada de Petate".[1] A veces echamos toda la carne en el asador en un momento y dejamos después que nos gane la desidia, el conformismo, la desmotivación. ¿Ubicas a un vendedor así?

Por eso, mi pedido contigo es que estos días que vas a estar leyendo *Lo que nadie habla de las ventas*, por favor me otorgues el "beneficio de la duda" y pongas en práctica toda la información que te estaré brindando, de corazón te digo que este libro lo he escrito con todo el corazón para ayudar a movernos de lugar; muchas veces tenemos en nuestra mente sueños que pensamos pueden ser imposibles, o bien, que no sabemos cómo hacerlo. Así que para eso estamos aquí.

---

1 En México, "llamarada de petate" son las reacciones y actitudes momentáneas que parecen ser intensas, pero por ser tan efímeras, son de escaso alcance o irrelevantes.

Quiero que, si eres un emprendedor, salgas con todo a lograr que tu negocio prospere. Si eres empresario, que sigas generando más empleos y ayudando a más personas. Y si solo lo lees por curiosidad, que tengas una idea muy clara de los dos puntos clave del libro. Solo puedes obtener resultados sobresalientes si desarrollas tus habilidades de ventas y trabajas en un *mindset* imbatible.

PRIMERA PARTE:

UN PROCESO CHINGÓN DE VENTAS

CAPÍTULO 1

¿POR QUÉ TUS CLIENTES TE MANDAN A LA CHINGADA?

La "chingada" es una ubicación desconocida y lejana a la que todo mexicano ha sido enviado o ha enviado a alguien por lo menos una vez en la vida.

Quiero que por un momento comiences a visualizar este ejemplo, yo sé que no es tu caso y que tampoco sucede en tu empresa (¡ay, ajá!):

Un vendedor *random*, comienza a buscar en su lista de "prospectos" a quién llamar, toma el teléfono y, al hacer la primera llamada, recibe un muy amable: "No me interesa" (léase en tono sarcástico). Claro que, si no es bien canalizado, el rechazo que ha tenido va a hacer que sienta y experimente un cóctel de pensamientos que no lo llevarán a intentar una segunda llamada, de hecho, te aseguro que solo el 2% de los vendedores lo van a volver a intentar. Ahora quiero que además imagines cómo van a estar los números de ese vendedor... adivinaste, ¡terribles!

Entonces, si nos damos cuenta, ¿cuántas veces nos han dicho que "no"? A mí... muchísimas veces, trabajo en ventas desde la adolescencia (por favor, no hagas cuentas).

Hubo una ocasión en la que manejé durante más de cuarenta y cinco minutos de mis oficinas al otro lado de la ciudad para ver a un prospecto, llegué súper emocionada y motivada, con "ojito brilloso" porque era una de mis primeras experiencias en ventas. Hice mi mejor presentación, le "eché ganas" y después de hablar con él durante casi una hora, su respuesta tan seca fue un rotundo "NO". Traté de convencerlo de por qué necesitaba mi producto, pero no pude hacerlo cambiar de opinión. Salí de allí pero ahora con "ojito lloroso".

En cuanto me subí al carro, me convertí en un mar de lágrimas y pensé, "¿para qué me hizo venir hasta acá?, he manejado casi una hora y perdido mi tiempo". Aun así, algo dentro de mí me dio ánimos: "lo voy a convencer sea como sea". Y sí, tenía la voluntad para sobreponerme y salir victoriosa, pero de tener buenos deseos no se obtiene nada. Necesitaba saber qué debía hacer para lograrlo.

Y es donde nos damos cuenta de que en las ventas hay ciertos puntos que son indispensables si lo que quieres es, como dicen muchos, "hacer billetes por medio de las ventas"; algo que nunca podrás lograr si no aprendes cómo vencer ese "NO" tan temido que todos hemos recibido, desde Henry Ford hasta Reed Hastings y Marc Randolph, los respectivos fundadores de Ford Motor Company y Netflix.

Una vez, mientras mi equipo y yo comíamos en un restaurante, les pregunté a mis colaboradores qué era lo que más se les dificultaba para vender, ellos respondieron que el rechazo que experimentaban con los prospectos. Claramente se trata de un tema interno que veremos más a detalle en la segunda parte de este libro: Un *mindset* imbatible. Sin embargo, mi buen amigo Claudio, que tiene muchísima experiencia en ventas, dijo algo que para nosotros fue oro puro:

Esto me recordó la gran enseñanza de mi primer maestro en ventas, Aldo Facio, quien nos hablaba de que era siempre importante la escucha activa para conectar con nuestro cliente. Y es que las ventas, al final del día, son de conexión. Tú vas a comprar con quien te dé certeza, con esa persona que logre presentarte con claridad qué vas a ganar si adquieres el producto o servicio.

Observa a quién le tendrías más confianza: ¿a quien te escucha, o bien, a quien habla sin detenerse nunca a ver la interacción contigo?

Debemos ser muy conscientes de la forma en la que el cliente nos responde, porque tenemos que escucharlo para saber cómo ayudarle. Retomemos el ejemplo del vendedor *random* del inicio:

Cliente: ¿Diga?

Vendedor *random*: Señor Gutiérrez (tono plano de voz).

C: A sus órdenes.

V: Muy buen día, me presento. Mi nombre es Wendy Sofía Ramírez Campos, le hablo de la empresa X para comentarle que, por su excelente manejo de cuentas bancarias, le estamos manejando un beneficio, este gran beneficio es que usted podrá adquirir… (léase todo de corrido y con "tono de vendedor").

C: No me interesa.

V: Pero mire que sí es interesante para usted porque…

Y he aquí donde el cliente cuelga el teléfono sin remordimiento alguno (bueno, tal vez solo arrepentido de haber contestado).

¿Lo notas? Su respuesta corresponde totalmente a la forma en la que nos comunicamos con él. Y no lo digo con el afán de que saques la flagra y comiences a darte de latigazos en la espalda, sino para que empieces a hacerte consciente de que, si nos mandan a la chingada, la mayoría de las ocasiones se debe a cómo nos comunicamos con el cliente. Qué diferencia hubiera sido en caso de llevar una comunicación como la siguiente:

Cliente: ¿Diga?

Vendedor preparado: ¿Señor García?

C: Sí.

V: Hola señor García, soy Wendy de la empresa X. ¿Ya ha escuchado de nosotros?

C: No

V: Excelente, el motivo de mi llamada es para …..

En general, para mejorar nuestros números debemos saber escuchar el tono de nuestro cliente, hacer más preguntas en lugar de afirmaciones, saber jugar con nuestra curva melódica (el tono de voz que manejamos), comprender en qué momento quizá debamos prevenir las objeciones que nos van a dar y poder anticiparnos a eso.

En cambio, cuando tenemos malos resultados nos toca vernos al espejo, porque esos resultados son el reflejo de:

- Falta de preparación.
- Nerviosismo.
- Malas actitudes.
- No saber realmente de lo que estamos hablando.
- Desconocer el producto.
- No tener convicción de lo que estamos vendiendo.
- Hablar en un mismo tono monótono y aburrido.
- Usar una "voz de vendedor" (más que una voz profesional, es un tono que no invita a la conversación y de hecho orienta al cliente a colgar el teléfono o a decir NO al instante).

En otras ocasiones se manda a la chingada a un vendedor derivado de la falta de constancia. Estamos en tiempos en donde las personas queremos recompensas inmediatas y eso aplica también para los vendedores. Por ejemplo, como tenemos al alcance de un celular toda la información necesaria, nos quedamos cómodos en nuestra zona de confort, mas "no hay atajo sin trabajo" y las buenas relaciones deben construirse con constancia y disciplina.

Me he encontrado en infinidad de veces con vendedores que después del primer NO, eliminan el contacto y la comunicación con sus prospectos. ¿Tú crees que esa persona te va a decir que "no" toda la vida? La verdad es que el futuro de esa relación va a depender específicamente de las acciones que realices como vendedor. Te comparto dos estadísticas interesantes:

1. El 44% de los vendedores abandonan a los clientes después de una primera llamada.
2. El 80% de las ventas necesitan 5 llamadas de seguimiento.[2]

Así que ahora te pregunto:

¿Cuántos *leads* has desechado al primer "no"?

Después de las estadísticas que te compartí, tal vez es momento de que reconsideres nunca más dejar a un cliente al primer rechazo.

Ahora, si tienes un equipo de trabajo, es de vital importancia monitorear si existe desmotivación en el equipo, ya que hay períodos en los que los vendedores, como todo ser emocional, pueden llegar a tocar fondo. Es fundamental monitorear dos cosas cuando manejamos equipos de ventas:

---

2 Valderrabano, A. (13 de mayo de 2024). *30 datos de Marketing y Ventas que te ayudarán a generar más clientes*. Black n orange. https://inbound.black-n-orange.com/blog/35-estadisticas-de-marketing-y-ventas-que-te-ayudaran-a-generar-mas-clientes

CAPÍTULO 1 | ¿POR QUÉ TUS CLIENTES TE MANDAN A LA CHINGADA?

1. La relación que tienes con tus vendedores.
2. Que se consigan los resultados que necesitas.

Hay muchos líderes que actualmente se dedican a "hacer el trabajo del vendedor" y, por lo tanto, existen en la actualidad "vendedores" que no son capaces de cerrar si no está presente su "jefe", y yo me pregunto: "¿entonces para qué quiero vendedores si el jefe hace la chamba?".

En todos los años que tengo dando talleres, infinidad de vendedores también me han hablado de cuestiones externas, factores como las objeciones, el precio, tiempos de entrega, competencia desleal y bien, si lo resumimos, la respuesta a esto es:

1. **El manejo de objeciones:** los vendedores allá afuera quieren generar controversia y demostrar que su producto o servicio es el mejor, pero sin bajar en lo más mínimo la resistencia de los prospectos o clientes; siempre quieren tener la razón. Si tú me lo preguntas, yo prefiero tener el resultado, incluso si eso implica "estar de acuerdo" con el cliente. Debido a que la mayoría de los vendedores no saben manejar objeciones, el 84% de los consumidores se quejan de que los vendedores son molestos por ser insistentes y groseros. [3]

---

[3] Silva, D. (11 de noviembre de 2020). *5 métricas fundamentales para un call center de ventas.* Zendesk. https://www.zendesk.com.mx/blog/metricas-call-center-ventas/

2. **Precio:** quiero que observes alguna prenda de ropa que traigas puesta y recuerdes el día que fuiste a comprarla a la tienda. ¿Pediste la más barata? El precio es cuestión de percepción y si te dicen que tu oferta está cara, quiere decir que no has sabido vender bien las bondades de tu producto o servicio; es decir, no estás sabiendo presentar correctamente la propuesta de valor que tiene tu producto.

3. **Tiempo de entrega:** la mejor forma que he encontrado para resolver este factor es con pedidos anticipados, pero en caso de no poderse, te preguntaría: ¿cómo es la relación con tu cliente ahora?, porque si tu relación es buena, debes saber que la honestidad y mantenerlo al tanto de en dónde va su envío serán importantes para mantenerlo tranquilo. Siempre piensa en cómo te sientes tú cuando haces una compra en línea y esperas que llegue a tu casa.

Pero aquí no termina todo, muchos vendedores son buenísimos para asignar culpas. Por ejemplo, que si la situación, que si el gobierno, que si la economía, que si las condiciones del país, que si la inseguridad, que si… todo. Por su parte, otros vendedores se culpan a sí mismos, demeritando su propio valor y siendo incapaces de comprender todo lo bueno que tienen y explotarlo para poder generar más. Por último, unos cuantos más, que para mi gusto son los "peorcitos", culpan a su organización: que si entregas, que si almacén, que si compras, que si el jefe o que si los dueños, cuando realmente lo que deben hacer como vendedores profesionales, en lugar de asignar culpas, es emprender las cosas por sí mismos.

En el momento en que un vendedor acepta y es consciente de que sus resultados son el reflejo de todo lo que ha hecho y hace, comprende que puede lograr incrementar sus resultados si así lo decide. De hecho, al leer este libro ya estás iniciando un cambio por todo lo que encontrarás aquí.

Sin embargo, el asignar culpas al final de cuentas es la mejor forma de disimular la incapacidad e inconsciencia de muchos vendedores. Y esto no lo digo con la finalidad de ofender, sino de darnos cuenta de que muchas veces podemos dar mucho más de lo que sabemos y que a veces solo nos hacen falta los cómos para poder lograrlo.

En ocasiones, también la falta de liderazgo en ventas es lo que provoca que seamos simplemente esa persona que solo provee información al cliente y se convierte en un levantapedidos, o hay vendedores que no hacen una exploración correcta con los clientes y se dejan llevar por el "*brochure*" de la empresa. Existen tantas personas que tienden a comportarse de manera insegura y que no le brindan nada de certeza a los prospectos, y volvemos al mismo temor a ser rechazados que se puede experimentar.

Adicional a eso, también hay algunas actitudes que los vendedores tienden a tener y que les impiden comunicarse correctamente con los clientes, provocando que tampoco hagan conexión y den el ancho en sus ventas. Si numeráramos las actitudes que no nos permiten comunicarnos correctamente con los clientes, empezaría así:

- **Actitud negativa:** un vendedor que se queja de todo parece cansado, chasquea los dientes y siempre está enfocado al "cómo No", en lugar de "cómo Sí". Intenta justificar su incompetencia por medio de la máscara de la negatividad.

- **Actitud soberbia:** este vendedor es arrogante, quiere ver a la gente por encima del hombro, siempre tiene más o logra más que los demás, enfocado en presumir lo que ha alcanzado para ocultar sus inseguridades.

- **Actitud a la defensiva:** sube el tono de voz, se inclina hacia adelante e incluso llega a usar el dedo índice como si fuera el dedo indicador; este uso es muy común cuando los vendedores se enfrentan a objeciones y esto es derivado de que llegan a tomarse personal las cosas (los comentarios o expresiones de los clientes) y, por ende, claramente quieren defenderse del escenario ficticio que tienen en su cabeza. El tema es que lo hacen frente al cliente.

- **Exceso de confianza:** a veces una broma puede ser aceptable, pero el vendedor que cruza esa línea tan delgada de la confianza y respeto con los clientes, puede llegar a romper la relación que se había trabajado. Ejemplo de ello es invadir espacios, saludar de beso a quien no le gusta o quien no te ha dado la pauta para hacerlo.

- **Nerviosismo:** ¿te subirías a un avión en donde el piloto se observa nervioso e inseguro? Me imagino que no, el nerviosismo es originado por el exceso de pensamientos de escenarios ficticios, cosas que tienen un 0.01% de probabilidades de suceder, pero, debido a nuestro actuar, muchas veces suceden.

- **Indisciplina:** hay ocasiones en las que existen vendedores, como les decimos en México, "mal quedados", es decir, que son inconstantes, inconsistentes, faltos de compromiso e impuntuales, y esa falta de disciplina los lleva a no llegar a sus números y desmotivarse terriblemente.

Por lo general, insisto siempre en que el 80% del resultado de tus ventas depende completamente de estos puntos que acabas de leer. Por eso, me encantaría que desde ya empecemos a evaluar en este primer capítulo cómo las estás llevando a cabo. Por favor, sé honesto y contesta estas preguntas:

1. ¿Qué es lo que no funciona en tus ventas?

   _____
   _____
   _____
   _____
   _____
   _____

2. ¿Cuál es la objeción más común con la que los clientes "te matan"?

_____
_____
_____
_____
_____

3. ¿Cómo estás enfrentando el rechazo?

_____
_____
_____
_____
_____

4. ¿Qué actitud de las presentadas anteriormente es la que no te permite avanzar?

_____
_____
_____
_____
_____

5. ¿De dónde viene?

_____
_____
_____
_____
_____
_____

6. ¿Cómo haces para contrarrestar la objeción?

_____
_____
_____
_____
_____

Con tus respuestas y todo lo visto anteriormente, quiero mostrarte que cuando no tenemos conciencia de cómo es que estamos trabajando, es difícil poder establecer las medidas necesarias para poder cambiar. Digámoslo así: es como si nos hiciéramos un examen de sangre de nuestras ventas y comenzáramos a medicar específicamente la afección.

Debe quedarte claro que es imposible llegar al nivel que esperas llegar haciendo exactamente lo mismo que estás haciendo hoy.

Hablar en un tono plano, aburrido, sin escuchar al cliente; basarte 100% en el libreto, no empatizar, no escuchar; querer vender a fuerzas, poner jeta, actitud de hueva, negatividad; no saber negociar, no entender al cliente, falta de previsión de posibles objeciones, llamadas viciadas y más… son algunos de los motivos por los cuáles el cliente te puede mandar a la chingada.

Estoy consciente de que la lista continúa, y también me pregunto si tú tienes algunos motivos por los cuáles los clientes también te puedan mandar a la chingada. Al menos sé que en este momento viene a tu mente alguna que otra anécdota.

Ahora, ¿recuerdas que al inicio te hablé sobre el cliente que me hizo manejar cuarenta y cinco minutos hasta su casa? Pues no me rendí y seguí insistiendo, pero de una forma más inteligente. Solo después de prepararme mejor entendí que no cerraba mis ventas porque no era "su momento", aunque después, ¿qué crees?, me hizo varios pedidos. Hoy han pasado más de veinte años de relación y aún sigue siendo mi cliente, pero eso no habría sucedido si me hubiera rendido.

Concluyendo este capítulo, me encantaría que seamos conscientes de que la gran mayoría de las veces que nos dicen que "NO" es por factores que nosotros como vendedores hemos provocado, mas no por eso vamos a ponernos tristes y a llorar mares bajo la regadera.

CAPÍTULO 1 | ¿POR QUÉ TUS CLIENTES TE MANDAN A LA CHINGADA?

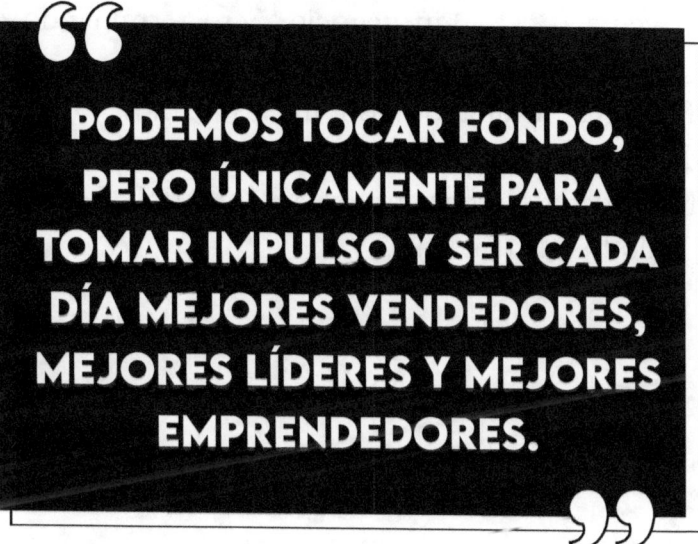

> **PODEMOS TOCAR FONDO, PERO ÚNICAMENTE PARA TOMAR IMPULSO Y SER CADA DÍA MEJORES VENDEDORES, MEJORES LÍDERES Y MEJORES EMPRENDEDORES.**

Y llegar a donde queremos estar, comunicándonos mejor y estableciendo mejores relaciones con nuestros clientes, logrando marcar esa diferencia y ese vínculo que nos ayude a permanecer y lograr que también los clientes nos recompren, recomienden y defiendan.

Obviamente, si has llegado hasta esta parte del libro, sé que hay muchas cosas que en este momento puedes estarte cuestionando. Es por eso que a continuación entraremos a los capítulos donde trabajaremos los "cómos" para hacer una mejor conexión, comunicarnos mejor, conectar más con nuestros clientes y en general mejorar tu proceso de ventas.

Después, en la segunda parte del libro, nos enfocaremos en cómo poder mejorar tu mentalidad para crecer, desarrollarte y avanzar. Sé que hay ocasiones donde pareciera que nos topamos con pared para lograr esa

31

gran venta o ese gran negocio, pero terminando este libro te prometo que lograrás derribar esa pared para edificar tus resultados con muros firmes y estables. Todo lo que necesitas hacer es conocer un proceso de ventas efectivo y tener un *mindset* imbatible para alcanzar todo lo que deseas.

CAPÍTULO 2

EL PROCESO DE VENTAS

La gente no quiere ser parte del proceso,
pero sí del resultado.

Hacer ventas es como construir una casa. Quiero que lo pienses bien, si una persona compra un terreno para construir su casa, va a tener que preparar el terreno, quitar la maleza y dejar parejito el campo para poder construir el hogar de sus sueños. Desde luego que debe tener claro cómo será la casa, y en caso de haber crecimiento, también tiene que saber en dónde y hacia dónde irá.

Antes que nada, va a necesitar que se construyan los cimientos firmes para que la casa sea sólida, empezar por las bases y de esta forma, poco a poco avanzar hasta ver el proyecto terminado con la limpieza general y el acomodo de muebles. Listo, ¡una casa de ensueño! Pero ¿y si los cimientos no son firmes?, ¿y si las vigas no son lo suficientemente fuertes para el peso del segundo piso?

Lo mismo ocurre con las ventas, si no tienes claro hacia dónde vas, es muy probable que andes construyendo un cuarto improvisado encima de otro. Corriendo así el riesgo de que en cualquier momento se te caigan los resultados como un castillo de arena o de naipes. En cambio, cuando sí tienes claro por dónde comenzar, dónde seguir y dónde terminar, tu casa será imbatible y eso solo puedes lograrlo a través de un proceso de ventas efectivo.

El problema es que, justamente por no contar con un proceso bien definido, creemos que nuestro error es de cierre y no de prospección. O si estamos desmotivados, es también probable que los cimientos se desestabilicen, pero de eso hablaremos en la segunda parte de este libro al enfocarnos en la mentalidad.

Lo que nos atañe en este capítulo es que puedas hacerte consciente de cómo es tu proceso actual de ventas y, sobre todo, empezar a notar si hay algunas partes en las que se podría mejorar. Comencemos.

Si consideramos las ventas como un proceso, entonces podemos verlo de la siguiente manera:

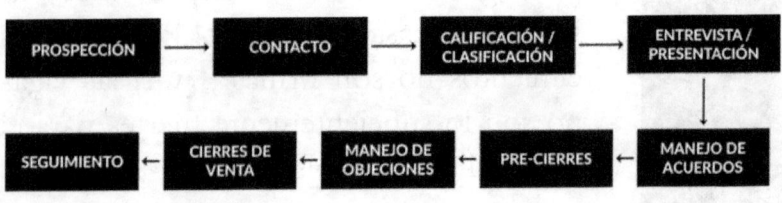

Figura 1. Esquema tradicional del proceso de ventas.

Claro está que en este esquema hablamos de un proceso de ventas tradicional, ya que con las nuevas herramientas electrónicas que existen y las que vienen podemos cambiar el proceso de distintas formas, sin embargo, partamos de esta base esencial que aplica a todo tipo de ventas. Por otro lado, debes saber que todo funciona a través de procesos. Si buscas los ahora famosos *sales funnel* o embudo de ventas, se tratan también de un proceso, pero presentado de manera vertical y escalonada.

Figura 2. Ejemplo de un *sales funnel* o embudo de ventas genérico.

En términos generales, podemos esquematizar el proceso de diversas formas. Aquí lo importante es que al final del día debes tener claro qué cosas son sumamente fundamentales para generar un mejor proceso de ventas.

1) PROSPECCIÓN

Vámonos con el primer paso, que es la **prospección**. La pregunta obligada para comenzar es:

> ## ¿CUÁNTOS PROSPECTOS ESTÁS LLEVANDO AL NEGOCIO EN UN MES?

En algunas ocasiones, cuando los clientes se han acercado para decirme que están teniendo problemas de cierres de ventas y me preguntan que si puedo impartir un curso o asesoría a sus vendedores, siempre les hago esa interrogante: ¿Cuántos prospectos estás llevando al negocio en un mes? La finalidad es saber si su problema es de cierres o si, en realidad, es de alguna parte del proceso que no han visto todavía.

Hay veces que me responden "en un mes... pues uno o dos". Hay otras ocasiones en las que NPI (No Poseen Información) de cuántos prospectos atraen en su negocio. Esos son los puntos clave en los que debemos de trabajar.

La prospección, al igual que todos los procesos de la venta, es importante; la gran diferencia es que la prospección se trata del primer paso, por lo que no esperes a tener éxito en los demás si no tienes una prospección sólida.

Hay diversos métodos de prospección, tenemos el **telefónico**, donde hacemos llamadas de salida u *outbound*; podemos también tener y aprovechar **medios electrónicos** como páginas web, redes sociales, publicidad y por medio de esos impulsos publicitarios obtener las llamadas de entrada, también denominadas como *inbound*.

Ahora, en el tema del teléfono es una realidad que nuevas generaciones cada vez le van temiendo más a la llamada, asumiendo que estamos "invadiendo" el espacio de nuestros prospectos. Sin embargo, una muy buena llamada, modulando el tono de voz, aprendiendo a escuchar al prospecto y previendo las posibles objeciones, estoy segura de que te acercará mucho más a la venta que subir un estado en tus redes sociales y pedirle a Dios que te mande prospectos.

Pero bueno, prospectar es atraer al portafolio del vendedor personas calificadas para adquirir el producto o servicio, y debemos recordar que para que un prospecto esté calificado para trabajar contigo, debe tener estas cuatro características, PANA:

- Puede pagar.
- Autoridad para hacer la compra.
- Necesita mi producto.
- Accesible en el contacto.

Puede pagar

Hay ocasiones en que las fuerzas de ventas llegan a sentirse frustradas porque los clientes tienden a "batearlos" con objeciones como "está muy caro", "no tengo dinero" y es porque de verdad la persona no puede pagar el producto. En realidad, aquí el problema no es del cliente, sino del vendedor que, desde el principio, no supo especificar los presupuestos que el cliente tiene. Es decir, no todo el mundo ahora tiene para pagar un auto de lujo, pero es obligación del vendedor clasificar al prospecto para saber si tiene o no el presupuesto destinado para comprar.

En otras palabras, no le quieras vender un iPhone a alguien que apenas tiene recursos para ponerle recarga a su celular de baja gama.

Autoridad para hacer la compra

Es de vital importancia saber quién es la persona que va a tomar las decisiones respecto a la compra de tu producto o servicio. Hay ocasiones en que las personas con las que hablas no son quienes toman la decisión final, pero pueden llegar a influir en la compra. Es por eso que debes saber con quién estás negociando y bajo qué argumentos vas a poder convencerle para que influya en la compra, o bien, tome la decisión sin acudir a nadie más.

Necesita mi producto

Como vendedor debes saber que a la gente no le importa tu marca, no le importa tu producto, ni tú como vendedor; lo que verdaderamente le importa es qué es lo que va a ganar la persona si adquiere el producto o servicio contigo. Por eso, debes estar consciente o seguro de que la persona que tienes enfrente necesita verdaderamente lo que le estás ofreciendo. Si no, probablemente solo te canses y malgastes tu tiempo.

Accesible en el contacto

Debes tener disponibles todos los datos que puedas tener de tu prospecto, su WhatsApp, teléfono móvil, número de la oficina, correo electrónico. Hay ocasiones en que me dice la gente:

> "Wendy, si el cliente me deja en visto en WhatsApp y ya no me contesta, ¿qué hago?".

Claro que esta inquietud nos ha pasado a todos, y aquí debemos comprender que la persona no está calificada en ese momento como prospecto porque "no es accesible en el contacto". Lo que nos queda por hacer, es dar **seguimiento**. Como ya vimos en el capítulo anterior, una venta provechosa puede comenzar por un "NO" que se convierte en "SÍ" a través del seguimiento.

Y bien, si lo que queremos es alimentar nuestra cartera de prospectos calificados (PANA), ¿de dónde los podemos obtener? Enseguida te comparto formas en las que puedes obtener prospectos para vender:

- ***Social selling:*** actualmente, las redes sociales nos ayudan a presentarnos como la autoridad en los productos o servicios que ofrecemos. Si no sabes manejar redes sociales, puedes incluso contratar algún *Community Manager* que pueda encargarse de hacer pautas en ellas y que te ayude en la captación de prospectos. También está la alternativa de aprender a manejar tus redes sociales y pagar pautas para llegar a esos prospectos que tanto añoras.

- **Otros vendedores:** ¿cuándo fue la última vez que te reuniste con un vendedor de un giro diferente, que le vende otro producto a tus mismos clientes e hicieron intercambio? Piénsalo, sin duda algo podrás aprenderles. El sol sale para todos, así que no tengas miedo en hacer una comunidad de apoyo.

- **Tus proveedores:** si tú eres distribuidor de alguna marca, sabes que los proveedores tienden a recibir solicitudes de cotización y pueden pasarte a esos prospectos. ¿Alguna vez se los has pedido?

- **Tus clientes:** si tu producto no compite con otras empresas, ¿qué pasaría si solicitaras referidos? Sin duda, nadie mejor que tus clientes pueden darte contactos valiosos.

- **Internet:** decía un amigo mío que "cuando la vida te genera dudas, el internet tiene la respuesta". Actualmente podemos buscar empresas, giros, domicilios y una cantidad enorme de información de nuestros prospectos y es solo cuestión de ejecutarlo; además, claro, de saber utilizar esa información a tu favor y de manera ética.

2) CONTACTO

Querido lector, si has llegado hasta este punto, lo más probable es que te preguntes:

> ¿CÓMO PUEDO LLAMAR LA ATENCIÓN Y RETENER EL INTERÉS DE LA PERSONA?

Lo primero que debes tener en cuenta es que, a partir de mi experiencia, se requieren alrededor de 8.4 rechazos para lograr una cita, así que es real que va a haber gente que te diga que "no". Otra cosa que debes saber es que el tiempo para llamar la atención es de tan solo 7 segundos, no más.

Es una realidad que los vendedores somos quienes más nos enfrentamos al rechazo (por ese motivo en la segunda parte de este libro trataré el *mindset* y por eso tengo tanto trabajo de asesorías y sesiones de hipnosis). Entonces, si la gente te va a decir que "no", antes de hacer llamadas telefónicas debes estar preparado tanto mental, como emocional y físicamente para hacer una excelente presentación de ventas.

Quitémonos el tono de voz de "vendedor" y comencemos a utilizar un tono conversacional para poder entablar esa llamada. Y por piedad del creador, preséntate de una manera más corta. Veamos dos tipos de saludos:

1. Hola, soy Wendy de Oruen.
2. Muy buenas tardes, me presento, soy su servidora Wendy Sofía Ramírez Campos y le estoy hablando de la empresa Oruen.

¿Cuál de las dos sería la mejor para presentarme si te contacto? ¡Claro! La número 1 es la mejor alternativa. Como suele decirse, "menos es más".

Si ya tenemos garantizado que tenemos una alta probabilidad de que nos van a decir que "no", podemos utilizar secuenciales de comunicación que nos ayuden a transformar ese "no" en "sí".

Los secuenciales son:

- Ya
- Ya sabe
- Ya conoce
- "Inconveniente"

Ejemplos de uso:

1. ¿**Ya** le han comentado de nosotros?
2. ¿**Ya sabe** que tenemos una promoción en el mes de marzo?

3. ¿**Ya** nos **conoce?**

4. ¿Tiene usted algún **"inconveniente"** en que agendemos una cita?

Así podrás sacarte de encima el primer "no" sin batallar. Ahora, también debes decir rápido de qué se trata la llamada o el contacto; si es para pedir una cita, maneja alternativas para que sea más fácil la toma de decisiones.

No es lo mismo decirle a la persona:

—¿Cuándo me puede recibir?

A decirle:

—Para agendar una cita con usted, ¿le es mejor el lunes a las 4:15 o el martes a las 9:41?

Y también, lo que menos queremos es generar la resistencia que puede haber con los prospectos, por lo que te pido que cuides eliminar las palabras **PERO** y **POR QUÉ** de tu comunicación.

¿Cómo las puedes sustituir?, simple.

En lugar de decir **PERO**, puedes usar: por eso, sin embargo, además, entonces e igualmente.

Ejemplo 1:

Cliente: Se me hace caro.

Vendedor: **Pero** es de calidad.

En este ejemplo, va a haber un roce entre Cliente y Vendedor, se genera resistencia.

Ejemplo 2:

> Cliente: Se me hace caro.

Vendedor: **Por eso** es importante que pueda verificar la calidad del producto.

En este ejemplo, no se invalida lo que dice el cliente y le damos secuencia a lo que ha dicho.

Igualmente, las palabras **POR QUÉ** generan resistencia, solo te pido que recuerdes la última vez que alguien te preguntó "¿por qué?". ¿Y qué le respondiste?, quizá la verdad, una mentira o "cualquier cosa".

Sustitúyelo por las preguntas ¿qué?, ¿quién?, ¿cuándo?, ¿cómo? y ¿dónde? También puedes utilizar estas dos que son poderosas: ¿qué te lo impide? y ¿qué pasaría si…?

Y por nada del mundo, ya sea para cerrar una cita o la venta, en una conversación nunca utilices preguntas abiertas para cerrar. Debes evitar las siguientes:

- ¿Cómo ve?
- ¿Qué pensó?
- ¿Qué te parece?
- ¿Cuándo te parece bien?
- ¿Te gustaría?
- ¿Te interesaría?

Si por algo sientes que te quedarás mudo, tranquilo, en el capítulo 4 ahondaremos en técnicas de ventas que te ayudarán a vender mejor; por lo mientras, puedes ir manejando alternativas.

3) CLASIFICACIÓN / CALIFICACIÓN

Hace unas páginas hablamos del PANA, ahora también nos corresponde saber calificar y conocer qué plan de acción debemos llevar a cabo con los prospectos. En el tema de calificación, las empresas cuentan con ciertos parámetros para definir si la persona está calificada o no para adquirir el producto o servicio. Por ejemplo, hay empresas que piden un monto de compra de cierta cantidad, o bien, tres compras de mínimo cierta cantidad, número de empleados, ingresos anuales, etc.

Pero también debemos tener una clasificación de prospectos y plan de acción con cada uno de ellos; esto se define dependiendo de lo que los mismos prospectos respondan en la cita.

Prospectos a)

Características:

1. Toman la decisión.
2. Pueden pagar.
3. Están interesados.

Como vendedor, tú debes venderles y, en caso de ser viable, pedirles referidos.

Prospectos b)

Características:

1. No toman la decisión.
2. Sí están interesados.

Como vendedor, tú en ese momento debes agendar una cita con quien toma la decisión, hacer una presentación que lo deje enamorado y pedirle referidos.

Prospectos c)

Características:

1. No toman la decisión.
2. No están interesados.

A ellos debes hacerles una presentación con entusiasmo, pedir referidos y también pedir permiso para seguirles llamando (uno nunca sabe cuándo salte la liebre). Claro que ellos dirán frases como "yo te llamo", a lo que podrás responder con seguridad y confianza lo siguiente:

CAPÍTULO 2 | EL PROCESO DE VENTAS

—Muy bien, en caso de no recibir su llamada, ¿tiene algún inconveniente en que me reporte con usted?

Inténtalo y verás los resultados. Aquí, de lo que se trata es de nunca quedarse con el primer "NO".

4) ENTREVISTA

¿Eres de los vendedores que se dejan llevar por el catálogo de la empresa? ¿Alguna vez te has salido de la cita pensando en que pudiste haber hecho mejor la entrevista?

La fórmula es escuchar y dejar que el prospecto hable.

En toda entrevista de ventas, la clave es hacer consciente al cliente de que tiene una necesidad; considera que nunca vas a crear una necesidad, las necesidades ya existen. Sin embargo, por medio de preguntas guiadas podrás lograr que tu prospecto pueda incluso percibir cierto grado de urgencia por resolver ese problema que actualmente tiene.

Para comenzar, la primera parte de la entrevista es igualar la energía del cliente, lenguaje corporal, variedad vocal y palabras. De esta forma comenzarás a establecer el ambiente idóneo para poder, ahora sí, ahondar por medio de preguntas que puedan ser la guía para ti como vendedor de por dónde podrás argumentar, y que para el cliente sean el medio por el cuál se hará consciente de su necesidad y el sentido de urgencia de poder resolverla.

Utilizando las preguntas ¿qué?, ¿quién?, ¿cuándo?, ¿cómo? y ¿dónde?, podrás tener una visión más clara de la percepción del cliente para después conducirlo.

Vendedor: Actualmente, ¿qué cantidad de producto consume al mes?

Cliente: 50 Piezas.

V: ¿Qué marcas son las que usted ahora maneja?

C: Marca X y Marca Y (tú debes conocer a tu competencia y saber de qué pata cojean).

V: ¿Y cómo le va con las garantías?

C: Mal.

V: ¿Qué pasa?

C: Últimamente ha habido fallas en los lotes de la mercancía y he tenido que hacer devoluciones.

V: ¿Eso cómo le afecta?

C: He quedado mal con mis clientes.

V: Si hubiera una marca que tuviera garantías y entrega inmediata, ¿cómo le ayudaría?

C: No le quedaría mal a mis clientes y vendería más.

V: Muy bien, pues deje le presento el producto Z.

Este es un ejemplo muy simple, sin embargo, es la mejor forma en la que puedo escenificarte el cómo las preguntas son vitales para hacer una excelente entrevista de ventas.

En el tema de los beneficios que manejas con el cliente también es muy importante. Debes empezar a dejar de hablar de características y comenzar a plantear los beneficios como si el cliente ya los estuviera viviendo. No es lo mismo decirte "hay un limón verde", a decirte… "imagina que partes un limón y tomas una de las dos mitades, la introduces en tu boca y exprimes su jugo, ¿sabe bien?", ¡comienza a estimular los sentidos del cliente!

5) MANEJO DE ACUERDOS

Una vez que ya tienes claro qué requiere el cliente, en ese momento podemos empezar a negociar con él. Sin embargo, debemos comprender que "el elemento más flexible es el que tiene el control" (presuposición de la PNL). Cuando vas a manejar acuerdos con el cliente, hay que empezar a jugar con la resistencia y siempre buscar dar un valor agregado. Una mente resistente nunca va a poder acceder, ni siquiera a escuchar.

Entendiendo que en el tema de Negociación existe siempre resistencia, es importante darnos cuenta de que, si sabemos jugar con esto, hay más probabilidades de llegar al cierre. Así que al momento de estar generando esto debemos tener claro lo siguiente:

1. Clarifica siempre los intereses (debes saber qué te interesa a ti y qué le interesa a tu cliente).

2. Identifica las opciones, es decir, qué alternativas tenemos para ofrecer que puedan ser acorde a los intereses del cliente y los nuestros.
3. Selecciona el mejor acuerdo, ¿cuál de todas las alternativas que tenemos del paso dos puede ser la más viable para nuestros clientes?
4. Perfecciona el mejor acuerdo, siempre dar un valor agregado a nuestros clientes nos ayudará a lograr que se sientan contentos.

Si nosotros logramos que los acuerdos que se establecen en esta negociación sean factibles y den un valor agregado, verás que es más fácil llegar a nuestro cierre de ventas.

6) PRE-CIERRES

Claro que es como decimos en México, "tirarle el sablazo" al cliente de que le vamos a vender. Pre-cerrar una venta, como su nombre lo indica, es el primer intento de cerrar. Es un paso importante, porque de acá es muy probable que broten las objeciones y tú debes estar preparado para que el cliente reaccione a tu favor. Para poder utilizar pre-cierres, a mí me gustan estas dos técnicas:

1. **Alusión de Alternativas:** ejemplo, *¿prefiere pasar por el producto o lo llevamos a domicilio?*

2. **Condicionamientos:** ejemplo, *si le consigo la mercancía, ¿entonces me da el anticipo ahora?*

Una vez dicho esto, tienes altas probabilidades de que la gente diga objeciones, porque es claro que a la gente no le gusta que le vendas, le gusta comprar; he aquí la gran diferencia.

7) MANEJO DE OBJECIONES

La clave no es ponerte al "tú por tú" con el prospecto o cliente, es saber bajar su resistencia y poder, ahora sí, argumentar lo que tengas que argumentar.

En ventas, las objeciones son un paso, incluso hablan de la intención de la persona por adquirir nuestro producto o servicio y, mientras más rápido salgan, podrás deshacerte de ellas.

Si tú las quieres provocar intencionalmente, puedes utilizar esta pregunta:

"¿Qué te impide tomar una decisión en este momento?".

Recuerda que no es una contienda de voluntades, es un acompañamiento para guiar a tu cliente o prospecto hacia el cierre.

Puedes incluso utilizar una técnica para bajar la resistencia cuando te dicen objeciones. Estas son las que más me han funcionado:

1. **Repite la objeción que te acaban de decir**, por ejemplo:

    Cliente: Se me hace caro.

    Vendedor: ¿Se le hace caro?

2. **Acuerda calurosamente lo que acaba de decir el cliente**, por ejemplo:

    Vendedor: Entiendo que usted lo considere caro, actualmente adquirir productos de calidad sí requiere una inversión considerable (nunca digas "tiene razón, está bien caro").

3. **Condiciona**, por ejemplo:

    Vendedor: Si el precio no fuera inconveniente, ¿lo adquiere en este momento?

    Cliente: Sí.

Acá ya puedes pedir información, negociar, argumentar todo lo que tú quieras y cerrar. Pero antes, debiste bajar la resistencia con el cliente.

También, antes de que te digan la objeción, puedes vacunarte. Ejemplo:

> "Te has de estar preguntando si la calidad justifica la inversión, ¿verdad?".

En resumen, comienza a poner atención a las objeciones que te dicen los clientes, la mejor improvisación es la preparada, y disminuye la resistencia de los mismos para fluir más hacia tu cierre.

8) CIERRE DE VENTAS

El cierre es la tarea de ordenar la tarea del prospecto, ya que puede incluso pensar que existen otras necesidades que debe resolver. Si tú has hecho los pasos del proceso de ventas de la manera correcta, estoy segura de que será más rápido el cierre. Puedes empezar trabajando con él diciendo frases que den por sentado que ya el cliente compró tu producto o servicio.

No es lo mismo decirle:

—Entonces, ¿sí lo va a querer?

A decirle:

—Este pedido que va a comprar, ¿prefiere llevárselo o se lo mandamos a domicilio?

Puedes usar órdenes en el mensaje, ejemplo: va a, debe, tendrá, podrá. Y siempre manéjale la alusión de alternativas al final.

Ejemplos:

—Para tomar la decisión en este momento, ¿prefiere el producto a o b?

—Este producto que se **va a** llevar, **podrá** darle el beneficio de…

9) SEGUIMIENTO

Si tus llamadas de seguimiento son para decirle al cliente "¿qué pensó?", esta parte del capítulo es para ti. El seguimiento a veces es para el cierre, otras ocasiones para recordarle a la persona que estamos presentes. Sin embargo, hay ciertas cosas que no debemos olvidar. Es mucho más fácil dar seguimiento a personas que ya han sabido de nosotros, que el abordaje en frío con personas que NPI de nosotros.

1. Si ya es para cierre, puedes utilizar frases tipo: "para afinar los detalles de la cotización, ¿qué día tienes oportunidad de que nos veamos?, ¿lunes o miércoles?".
2. Si es por teléfono, puedes usar preguntas: "¿qué dudas quedaron para levantar tu pedido en este momento?".
3. Si de plano no cerraste, puedes después compartir un mensaje de algo que le guste a tu cliente, a veces es bueno intimar con tus prospectos.
4. Si ya te compraron, verificar que todo esté en orden, que esté correcta la información y, si por algo el pedido no llegará a tiempo, mantener al tanto al prospecto de la entrega, eso es mejor que no llamarle por miedo a que se vaya a molestar.

CAPÍTULO 2 | EL PROCESO DE VENTAS

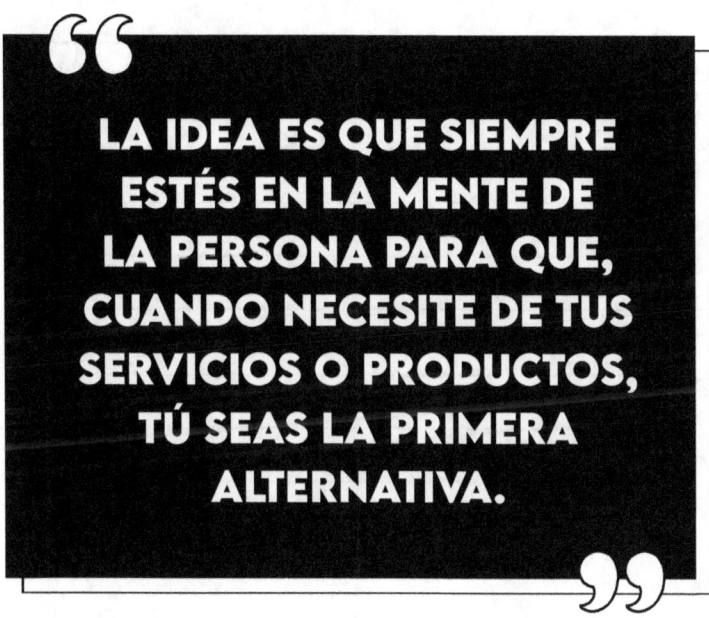

> "LA IDEA ES QUE SIEMPRE ESTÉS EN LA MENTE DE LA PERSONA PARA QUE, CUANDO NECESITE DE TUS SERVICIOS O PRODUCTOS, TÚ SEAS LA PRIMERA ALTERNATIVA."

A continuación, te dejo algunas preguntas para que puedas evaluar actualmente tu proceso de ventas y establecer los ajustes necesarios que te lleven a mejorar tus resultados. Una vez respondidas, puedes releer este capítulo las veces que sean necesarias para aplicar todas las recomendaciones que te he compartido.

1. Menciona y enumera cuáles son los pasos del proceso de ventas en tu empresa. Descríbelos brevemente.

   _____

   _____

   _____

   _____

2. ¿Cuáles son las acciones llevadas a cabo para la elaboración de prospección / atracción de clientes a la tienda? En caso de ser *inbound*, ¿solicitan la información de los PROSPECTOS?

3. Una vez establecido el contacto con los prospectos, ¿cuáles son las formas en las que clasificas y calibras al prospecto?

_____

_____

_____

_____

_____

_____

_____

4. Una vez clasificados, ¿cuáles son las acciones que utilizas para llamar la atención y retener el interés?

_____

_____

_____

_____

_____

_____

_____

5. En el momento de la entrevista con el prospecto, ¿cuáles son los pasos que manejas para determinar y especificar cuáles son sus necesidades?

_____
_____
_____
_____
_____
_____
_____
_____

6. En el momento de la entrevista con el prospecto, ¿qué tan hábil eres para generar un ambiente de empatía y confianza?

_____
_____
_____
_____
_____
_____
_____

7. Si diriges un equipo, ¿qué tantos pre-cierres presenta tu vendedor (a) en la presentación de ventas?

_____
_____
_____
_____
_____
_____
_____
_____

8. ¿Qué tipo de cierres de ventas le has presentado a tu equipo comercial?

_____
_____
_____
_____
_____
_____
_____
_____

9. ¿Cuál es la metodología para manejar las objeciones con los clientes?

_____
_____
_____
_____
_____
_____
_____

10. ¿Cómo manejan el seguimiento con los clientes? ¿Qué diálogos utilizan para dar seguimiento oportuno al cliente?

_____
_____
_____
_____
_____
_____
_____

Finalmente, asegúrate de tener un proceso de ventas definido que te ayude a mejorar tu porcentaje de cierres y aumentar tu lista de clientes.

CAPÍTULO 3

LOS TIPOS DE VENDEDORES

"Conviértete en la persona que atraiga los resultados que buscas".
Jim Cathcart

Debo confesar que este capítulo me reta a aterrizar y declarar algo que siempre he tenido en mi cabeza respecto a las personalidades que hay en el mundo de las ventas. Antes que nada, debo decirte que, para mí, desde hace muchos años las opiniones, acontecimientos y eventos que puedan ocurrir son neutrales, así que te pido, por favor, que consideres desde el punto de vista más neutral lo que veremos a continuación.

La intención no es "etiquetar", es poder tener resultados y mejorar en caso de que estés en alguno de los tipos de vendedores que no son favorables para vender, o bien, porque muchas veces nos empeñamos en tener la razón y descuidamos completamente lo que queremos lograr.

Debemos comprender que hay dos variables que debe tener un vendedor para lograr lo que una empresa espera o lo que deseas vender. Las dos variables son:

- Interés por la relación.
- Interés por el resultado.

Una vez dicho esto, tenemos cuatro perfiles para los vendedores:

	INTERÉS POR LA RELACIÓN	
INTERÉS POR LOS RESULTADOS	**VENDEDOR OPORTUNISTA** Bajo interés por la relación Alto interés por los resultados	**VENDEDOR IDÓNEO** Alto interés por la relación Alto interés por los resultados
	VENDEDOR "VOLDEMORT" Bajo interés por la relación Bajo interés por los resultados	**VENDEDOR PSICÓLOGO** Alto interés por la relación Bajo interés por los resultados

Figura 3. Cuadrante del perfil de vendedores.

Bien, ya vimos en la tabla que tenemos 4 tipos de vendedores, pero esto no significa necesariamente que alguien no pueda moverse de lugar. Como siempre digo, es importante generar conciencia de en dónde estamos parados y hacia dónde queremos ir para movernos y llegar a esa meta que tanto anhelamos.

Vámonos primero con los que son "bajos en el interés" por la relación.

Vendedor Voldemort (las empresas no quieren nombrarlo)

Tienden a ser personas que han encontrado trabajo "aunque sea en ventas", son gente que llega literalmente a calentar la silla de la empresa, no trabajan o hacen como que trabajan e invierten gran parte de su tiempo en redes sociales, hablar por teléfono o chatear con sus amigos; en fin, se empeñan en "pasar el tiempo" durante las horas que tienen que estar en la empresa. Si les das un sueldo base, están conformes con eso, puede ser que también recibas malos comentarios por parte del servicio que han otorgado a los clientes, e incluso siempre van a encontrar la mejor excusa para decirte que "no hay forma de poder vender".

Lamentablemente, este perfil está tan cegado de su propio potencial (porque fueron buenos para venderse como vendedores a la empresa) que no se han dado cuenta de que las creencias limitantes que los gobiernan no les han permitido desarrollar el músculo de las ventas, tienden a comportarse de manera histriónica en caso de que los jefes les llamen la atención. Todo porque no les gusta ser descubiertos, expuestos y es por eso que al final se dedican a robar el tiempo y los recursos que la empresa les ha otorgado.

Si por algo tienes en tu equipo a alguien así, es bueno ir considerando realizar cambios en la organización. En cambio, si tú eres uno de esos "vendedores", me pregunto ¿cuánto tiempo más podrás estar así?

Recuerdo una persona que alguna vez llegó con un currículum impecable, salió excelente hasta en los psicométricos (hay gente que sabe manipularlos muy bien). Al momento de reclutarla parecía como si fuese un unicornio. Comenzó "echándole ganas", sin embargo, al final de cada mes (duró seis en total dentro de la empresa) encontraba los pretextos perfectos para explicar por qué no había vendido, aunque claro que tenía tiempo para estar en redes sociales y hablar todos los días con una amistad. Una vez que su jefe inmediato le pidió resultados, debido a que notaba que la persona estaba conforme con su sueldo base, comenzó a comunicarse de una manera agresiva, molesta y tarde o temprano se fue de la empresa.

Vendedor Oportunista

Buenísimo para vender, este vendedor está muy enfocado en generar esas ventas que tanto desea para la empresa y para llenar sus bolsillos. Todo el tiempo está pensando en cómo va a poder generar más y más ventas. También puede llegar a enfocarse en cómo sacarle ventaja al cliente. Allí es donde inicia el conflicto, derivado de que es tan grande el enfoque a lograr cerrar ventas, que la mayoría de las veces, si no es que todas, descuida la relación con los clientes.

En pocas palabras, a cada persona que tenga enfrente la verá con un signo de $ (pesos, dólares, euros) en la frente y el tema allí es que, cuando ves al cliente solo como un número y no como una persona, corres el grave riesgo de perderlo, o bien, solo de hacer una transacción y de allí, como decimos acá en México, "párale de contar".

CAPÍTULO 3 | LOS TIPOS DE VENDEDORES

Hace unos meses tuve el placer de estar en una conferencia con mi buen amigo Pablo Fernández, un experto en el tema de seguimiento. Él hizo un ejercicio matemático respecto a cuánto dinero puede perder una empresa por el simple hecho de perder clientes, y es que es una realidad que muchas veces será más caro obtener un cliente nuevo (haz el costeo de citas, publicidad, llamadas y tiempo) que mantener a un cliente en la organización.

Sin embargo, si la finalidad del vendedor es solo sacar el número, estoy segura de que te va a dar las ventas que necesitas; desafortunadamente, la rotación que tendrás de los clientes también será muy alta. Imagina ahora, como vendedor, qué desgastante es estar buscando nuevas cuentas y cuánto estás perdiendo por no cuidar la relación con tus clientes.

Te puedo compartir que muchas veces me he topado con vendedores que piensan que la venta que harán es la única que podrán hacer con los clientes. Una vez me vestí de *mistery shopper*, tenía que ver cómo vendían unas personas un producto similar al modelo de Tiempo Compartido. Sin embargo, lo que vendían era una membresía para disponer un descuento en hoteles dos o tres veces al año; te exigían una tarjeta de crédito para acceder a la reunión, tomaban datos, te pedían información hasta de qué habías comido. Al llegar, el vendedor me dijo:

—¿A qué se dedica?

—Me dedico a dar cursos de ventas.

Amablemente, me respondió:

—Perro no come perro.

Entonces, claro está que se rompió toda la sincronía y armonía que podía haber en esa mesa. Me había llamado "perra". Al final, le dije a todo que NO. Mandó a otra persona a ofrecernos un producto adicional, al cuál también respondí con un bello NO. El tipo golpeó la mesa y me dijo:

—Ya no le quito más su tiempo.

Con ese trato, ¿quién garantiza que volvería a acudir a una cita con ellos? Exacto, nadie.

Vendedor Psicólogo

Este me encanta, es tan noble y tan buena persona que tiene miedo de dar seguimiento para no molestar al cliente. Puede estar durante horas escuchando la vida y situación de su cliente, ha llegado incluso a abogar con su gerente de que le den más descuentos porque el cliente está pasando por problemas económicos, hasta puede ponerse al tú por tú con la organización por defender a su cliente. Está tan comprometido con los prospectos y clientes que no cierra ni una sola venta, o bien, puede llegar a cerrarlas pero sus ventas son de bajos montos. No da seguimiento por temor a "acosar" o llegar a molestarlo.

Tiene un nivel tan alto de empatía que es buenísimo para la relación, pero malísimo para poder concretar una venta. El hecho de tener un alto nivel de empatía me encanta, eso es un don, es una gran virtud; Desafortunadamente, uno en ventas no va a comer de la empatía, sino de los cierres que pueda concretar. Lo que me pregunto es ¿de dónde viene ese miedo a ser rechazado por cerrar una venta?, y también ¿cuánto tiempo está perdiendo y haciendo perder a sus clientes si no les está ayudando por medio de lo que vende?

De este tipo de perfil, recuerdo en uno de mis talleres a una vendedora joven que, por más que hacía labor, no podía cerrar ventas. Al momento de explorarlo con ella, una de las respuestas que me dio fue que un cliente, al que había visitado hace poco, tenía un familiar enfermo y que la estaba pasando muy mal, por lo cual empleó su tiempo en él como si fuera su psicóloga.

Tiene que quedarte claro que debemos crear empatía, pero también un vendedor debe ganar comisiones.

Vendedor Idóneo

La perfecta combinación de ambas partes, concreta ventas y tiene la habilidad de manejar una buena relación con su cliente. De esto estamos hablando cuando hablamos de ventas. Cuando ambas partes están desarrolladas tienes la gran habilidad de cerrar, comisionar, ganar dinero y a la vez poder ayudar a tus clientes y prospectos por medio de lo que estás ofreciendo. Si estás en esta parte, puedo considerar que cuentas con tres cosas que son indispensables para poder vender.

1. **Motivación**, tienes claro hacia dónde vas y todo lo que quieres lograr, así como definido claramente el para qué estás en donde te encuentras el día de hoy.

2. **Conocimiento en ventas**, es decir, tienes claro qué te ha funcionado y lo sigues implementando para seguir dando el resultado.

3. **Convicción de lo que ofreces**, cuando tienes claro qué van a ganar las personas al adquirir tu producto o servicio, es mucho más fácil poderlo colocar, porque puedes ser capaz de visualizar y compartir esa visión con tus clientes y prospectos.

Debes tener una gran organización para mantener puntualmente tus seguimientos, relaciones con los prospectos, un buen método de prospección y presentación de tus ventas. Tú eres capaz de poder atravesar la barrera del rechazo, enfrentar ese miedo y seguir adelante; y cuando superamos eso, podemos tener mejor autoestima, mejores resultados y claro, mejores ventas.

¿Qué tipo de vendedor soy?

Ahora, sé que te has de estar preguntando si se puede tener algo de las cuatro y claro que es posible, existirán días en los que te sientas en los cuernos de la luna y otros en los que te sientas incapaz de concretar una venta, lo que verdaderamente importa es más que nada que sepas en dónde estás y cómo podrás hacerle para moverte de lugar.

Así que basta de excusas, entremos al siguiente *test*, el cual podrá cambiar de acuerdo a cómo te encuentres el día que lo hagas y, de ser así, nota si por algo estás en cuadrantes que no son favorables y qué requieres mejorar para ser ese vendedor idóneo.

Veamos en dónde estás parado en estos momentos. En los siguientes puntos, sé honesto y responde de acuerdo a lo que es actualmente, no a lo que debería ser:

5 siempre, 4 casi siempre, 3 en ocasiones, 2 casi nunca, 1 nunca.

Tus resultados

1. No me detengo hasta llegar a mi meta_____
2. Si llego antes a mi meta, continúo buscando negocios_____
3. Tengo claro qué debo de hacer en mi día para ser más productivo_____
4. Ante el rechazo, vuelvo a las actividades que me corresponden_____
5. Estoy buscando nuevos negocios continuamente_____
6. Manejo mi tiempo y enfoque para lograr mis resultados_____

Suma total de los puntos _____
Ahora divídelo entre 6.
Tus resultados = _____

Tus relaciones

1. Busco relaciones de valor con mis clientes_____
2. Al hablar, puedo expresarme y cuidar la relación con mis clientes_____
3. Tengo la habilidad de generar recompras y recomendaciones_____
4. Mantengo relaciones a largo plazo con mis clientes_____
5. Al finalizar una negociación cuido mantener un buen sabor de boca para ambas partes_____
6. Tengo la habilidad de generar confianza y apertura por parte de mis clientes y prospectos _____

Suma total de los puntos _____
Ahora divídelo entre 6.
Tus relaciones = _____

Ahora ha llegado el momento de graficar en qué cuadrante te encuentras y, de acuerdo con esto, podrás saber qué requieres hacer para moverte de lugar, en caso de ser necesario.

Explicación de cómo graficar tus respuestas:

Dentro del siguiente gráfico, ubica de manera horizontal tus Resultados y de forma vertical tus Relaciones de acuerdo con los puntos que obtuviste.

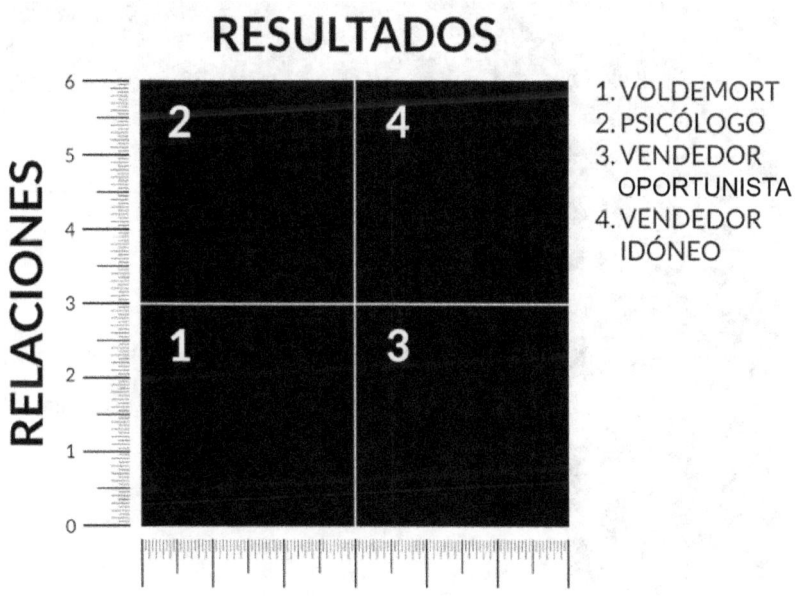

Figura 4. Gráfica del perfil de vendedores.

Una vez identificado en qué cuadrante te encuentras, es bueno saber a qué se debe el que lo hayas hecho de esa manera y también comenzar a hacer un plan de acción para moverte al cuadrante 4 en caso de no estar allí. Hazlo a partir de las siguientes tablas; en la primera te dejo un ejemplo de llenado, en donde hayas salido como vendedor número dos. Claro que al momento del llenado, tendrás espacios en blanco y esto no quiere decir que no puedas pasar al cuadrante número cuatro. Todo es cuestión de empezar a trabajar en las conductas que requieres para llegar allí.

Vamos a la acción:

CUADRANTE	JUSTIFICACIÓN	PLAN DE ACCIÓN
4 VENDEDOR IDÓNEO		
3 VENDEDOR OPORTUNISTA		
2 VENDEDOR PSICÓLOGO	Me cuesta trabajo cerrar la venta, porque siento que estoy presionando demasiado al cliente. Me da miedo que me vaya a decir que no.	Debo comenzar a generar mejores preguntas para orientar a mi cliente al cierre.
1 VENDEDOR VOLDEMORT		

Es tu turno:

CUADRANTE	JUSTIFICACIÓN	PLAN DE ACCIÓN
4 VENDEDOR IDÓNEO		
3 VENDEDOR OPORTUNISTA		
2 VENDEDOR PSICÓLOGO		
1 VENDEDOR VOLDEMORT		

Una vez identificado esto, te será más fácil descubrir cuál es el motivo por el que te encuentras en el cuadrante actual y también qué necesitas emprender para moverte de lugar.

Sé que ahora quizá te estás preguntando los cómos; sin embargo, en el siguiente capítulo podremos trabajar técnicas que te ayudarán a llegar al cuadrante 4 y ser más profesional. Y en caso de que estés en el cuadrante 4, reforzarás conocimientos para llegar a un nivel todavía más alto en tus ventas.

CAPÍTULO 4

HERRAMIENTAS PARA VENDER MEJOR

La combinación de talento, con herramientas adecuadas, nos hará imparables.

Me encantará compartir contigo las herramientas que me han acompañado durante todos estos años en los que me he dedicado a las ventas, sé que te servirán.

Durante el proceso de ventas que hemos estudiado en el capítulo 2, existen algunas herramientas o técnicas que te ayudarán para poder mejorar en la presentación de ventas que harás frente a tus clientes o prospectos. A continuación te las comparto.

Herramientas de comunicación

El secreto de la comunicación está en la respuesta que obtienes. Cuando tengas de frente a una persona, es importante te des cuenta de que el prospecto se preguntará dos cosas:

1. ¿Puedo confiar en ti?
2. ¿Podemos mantener una relación?

Por eso es importantísimo que nos demos cuenta de que, lo primordial que debemos hacer al entablar una relación comercial, es establecer un vínculo de confianza. Entiendo que para las nuevas generaciones el estar frente a una persona suele ser casi nulo, o bien, un gran reto. Es por eso que debemos ser excelentes comunicadores y para eso se necesita comprender, según el modelo de PNL o Neuroventas, que la comunicación se divide en 3 factores:

FACTOR DE COMUNICACIÓN	% DE IMPACTO PNL	% DE IMPACTO NEUROVENTAS
PALABRAS	7	18
VARIEDAD VOCAL	38	27
LENGUAJE CORPORAL	55	55

Figura 5. Factores de la comunicación y su impacto.

En ambos casos, el impacto del lenguaje corporal es del 55%, por lo que podemos concluir que siempre estamos comunicando algo a nuestro interlocutor y, claro, también a nosotros mismos.

Expliquemos un poco los tres factores de comunicación:

Palabras: estas tienen un impacto muy pobre, por eso las palabras deben ser evocativas a los sentidos (que el prospecto vea, sienta y escuche); evita a toda costa tecnicismos, haz economía en las palabras y también comienza a igualar las palabras que te diga tu interlocutor.

Variedad vocal: esta tiene tanto impacto, que hasta puedes decir lo opuesto de lo que las palabras dicen. Por ejemplo, si una persona es sumamente floja, tú, con el tono de voz diciendo las palabras "es muy trabajadora", puedes dar el mensaje de que en realidad es floja. Para trabajar con el tono, es importante usar los siguientes elementos:

- **Volumen:** el volumen alto transmite autoridad o movimiento, el volumen bajo transmite sumisión o tristeza, y un volumen medio transmite agrado.
- **Velocidad:** si hablas demasiado rápido, corres el riesgo de que no te entiendan. Si hablas demasiado lento, corres el riesgo de desesperar a tu interlocutor.
- **Tono de voz:** el tono que se recomienda es un tono conversacional, es la habilidad de acentuar los enunciados, hacer énfasis.
- **Pausas:** hay dos tipos de pausas. Unas son las pausas plenas, que son los arrastres de voz y el uso de muletillas, como cuando "se te traba la RAM", esas te hacen ver poco enfocado, desconcentrado y nervioso. Las otras son las pausas vacías, que como lo dice su nombre, son periodos de silencio que te harán ver seguro y preparado. También ayudan para dar suspenso a la comunicación.

Aunado a todo esto, es importante también el igualar para después conducir a tu interlocutor. Iguala el tono de voz en el que te habla. Quiero que pienses un momento en una ocasión en la que hayas tenido mucha prisa y cuando menos pensaste, la persona que te atendió por teléfono o en algún lugar habla muy despacio. ¿Qué impacto te genera?... lo sé, no uno muy bueno.

Lenguaje Corporal: debemos ser conscientes de que este es el factor que más impacto va a tener cuando estemos interactuando con los clientes y prospectos. Si esto impacta en un 55% es bueno aprovecharlo, ¿verdad? Y sé que muchos de los lectores de este libro, incluso tú, van a decir: "A ver Wendy, si yo vendo por teléfono ¿qué tiene esto que ver?". Fácil, hagamos un ejercicio. Simplemente arquea tu espalda en este momento y verifica tu estado emocional, ¿cuál es? Ahora, por favor endereza tu espalda y dame tu mejor sonrisa, ¿cuál es el estado emocional que tienes al hacerlo? Así que veamos qué elementos de lenguaje corporal podemos manejar a nuestro favor.

Rapport

Si buscas este concepto podrás encontrar las siguientes palabras, sintonía entre dos personas, confianza, armonía, comprensión mutua. El *rapport* es una herramienta que nos ayudará a generar esa sincronicidad con nuestro prospecto, tal que provoque un impacto de generar un buen concepto ante nuestro interlocutor. Puede que incluso podamos lograr que la persona sienta que ya te había visto antes. Esto es derivado de un sesgo cognitivo conocido como "Sesgo de Afinidad", es decir, la tendencia de favorecer a personas que son como nosotros porque "los pájaros del mismo plumaje vuelan juntos después de todo".

Así que a continuación procuraré explicarte de una forma breve, concisa y fácil el cómo puedes ejecutar esto cuando estás frente a un prospecto:

Primero, te sugiero que observes a tu entorno y nota cómo hay personas que están en un café y tienen la misma postura, inclinación e incluso ríen al mismo tiempo. Así que, tú de manera consciente y sutil vas a igualar durante sesenta segundos a tu interlocutor, tanto en tono, velocidad, variedad vocal, palabras y lenguaje corporal.

Después de ese minuto, haz un ligero movimiento y observa si también de la otra parte ha habido cambio alguno. De ser así, ya es tiempo de conducirlo; si por algo no hubo movimiento, vuelve a igualar otros sesenta segundos.

Si sientes nervios de hacerlo, está bien, practícalo unos días con gente desconocida y ya que lo hayas dominado, comienza a implementarlo con tus clientes.

> **DESARROLLAR UN BUEN AMBIENTE DE EMPATÍA VA A AYUDARTE A GANAR LA CONFIANZA DE TU CLIENTE, POR ESO ES IMPORTANTE EL *RAPPORT*.**

Lenguaje de influencia

Existen patrones de lenguaje hipnóticos... y no, no vayas a pensar que es poner un reloj frente al cliente y decirle: "dame el dinero, suelta el billete", esto va más allá. Es una buena forma de poder utilizar una estructura semántica para que haya sugestiones que entren en una persona. Debemos comprender que cuando estamos comunicándonos con las personas, en esa comunicación puede existir: distorsión, omisión o generalización.

Existen patrones lingüísticos para trabajar en las sugestiones:

1. **Cláusulas subordinadas del tiempo:** usar palabras tales como antes, después, mientras, desde o durante.

    Ejemplo: "¿Hay algo más que quieras saber **antes** de que tomes la decisión de adquirir con nosotros?".

    "**Mientras** adquieres el producto con nosotros, podrás verificar a dónde quieres que sea enviado".

2. **Ilusión de alternativas:** esta es una técnica muy común en los cierres de ventas, es dar al cliente siempre dos opciones o más en forma de pregunta para que elija cualquiera de las opciones, las alternativas deben ser claras y a favor de la toma de decisiones en el momento.

Ejemplo: "¿Desea que le entreguen en su domicilio o pasa por ellas?".

3. **Órdenes encubiertas:** el tema es que a las personas nos han enseñado a recibir órdenes y esto puede ser aprovechado en tu lenguaje.

   Ejemplo: "El producto que se **va a** llevar cuenta con...".

4. **Preguntas encubiertas:** esta técnica te ayudará para saber cuál es el único problema que tiene el cliente para tomar la decisión de adquirir.

   Ejemplo: "¿Qué más requiere saber para adquirir con nosotros en este momento?".

Neurociencias aplicadas a las ventas (Neuroventas)

Néstor Braidot en su libro *Neuroventas* habla de que en más del 90% de los casos, el cliente toma la decisión de manera metaconsciente, que las emociones influyen en la toma de decisiones y el cerebro tardará entre 7 y 10 segundos antes de ser consciente de que tomó una decisión. Y hay una palabra que me encanta, la cual compartiré contigo y verás ahora más claro por qué, cuando buscamos algo en Google, repentinamente nos salen anuncios en las redes sociales acerca de eso que hemos buscado.

El concepto se llama *Priming*, que es considerado un tipo de memoria que es influenciada por un estímulo y también es parte de la toma de decisiones. Voy a poner un ejemplo muy sencillo:

Supongamos que te duele la cabeza y yo tengo dos pastillas para ofrecerte, la primera es ácido acetilsalicílico de una marca genérica, o bien, tengo Aspirina de Bayer. ¿Cuál elegirías? Me imagino que la aspirina de Bayer, porque si es Bayer… entonces es bueno y mejor para sanar tu dolor, o al menos eso es lo que señalan los anuncios publicitarios.

A veces recibimos tantas veces estímulos, que las personas elegimos lo que es conocido para nosotros. Si tienes y manejas redes sociales, el subir historias, poder pagar pautas y que la publicidad salga constantemente a tus prospectos y clientes manejando el *Retargeting* (como cuando te sale una y otra vez el mismo anuncio o la misma empresa), es una gran oportunidad para convertirte en la alternativa para ellos.

Ahora, vamos a suponer que por algún motivo, ya sea que eres vendedor de una empresa y no puedes manejar sus redes, o bien, que eres alguien que no domina las redes sociales, la clave está en el seguimiento que manejes con los prospectos y clientes. Debiendo ser conscientes de que, más que clientes, lo que queremos lograr es *fans*. Haz que tus clientes se vuelvan fanáticos de tu servicio o producto.

Otro punto clave es utilizar las emociones para poder vender. Existen vendedores que solamente hablan de características o son sumamente técnicos, y eso no ayuda a conectar con su interlocutor y quizá te has de estar preguntando cómo hacerle cuando tú vendes productos muy especializados. Primero que nada, hagamos el siguiente ejercicio:

Haz un listado de 10 características de tu producto, servicio o empresa.

Ejemplo:

1. Entrega inmediata
2. Calibre 22
3. Doble Flauta

Ahora es tu turno:

1. _____
2. _____
3. _____
4. _____
5. _____
6. _____
7. _____
8. _____
9. _____
10. _____

Una vez hecha tu lista, responde ¿para qué sirve? A eso se le llama beneficios.

Ejemplo:

1. Entrega inmediata: sirve para continuar con la producción sin detener ni un minuto el proceso.
2. Calibre 22: con el grosor de este calibre tendrá más protección del producto.
3. Doble flauta: con una caja doble flauta, tendrá más firmeza y protección de su dinero.

Anota los 10 beneficios de la lista que desarrollaste en la página anterior:

1. _____
2. _____
3. _____
4. _____
5. _____
6. _____
7. _____
8. _____
9. _____
10. _____

Ahora viene lo bueno, ¿cómo puedes hacer que la persona vea, sienta y escuche estos beneficios sin haber adquirido aún el producto?

Puedes manejarlo con los siguientes puntos:

- Dramatizando el producto, haciendo una historia o cuento pequeño en donde pongas al cliente en el contexto de adquirir el producto o servicio.
- Historias de éxito de otros clientes, considerando que a las personas nos encanta el "chisme".

Ejemplo: "Imagínese que es jueves y en su inventario nota que le hace falta el producto X, solo con enviarnos una orden de compra, notará que nuestro ejecutivo inmediatamente la llamará por teléfono para acordar la entrega y verá cómo el repartidor a primera hora llega con ustedes y les lleva el producto que necesitaban".

Escoge uno de los beneficios y haz un ejemplo de cómo lo manejarías:

_____
_____
_____
_____
_____
_____
_____
_____
_____

Ahora, en el cerebro tenemos una parte que analiza la información, ya hecho eso, tendrás otra parte que hará las cosas de manera inconsciente. Pero, ¿cómo podemos lograrlo?

Por medio de **experiencias repetidas**; es decir, seguimiento puntual, llamadas, encuentros con tus prospectos y clientes.

Una **exposición clara**; esto es muy importante porque muchos vendedores allá afuera no tienen ni idea de lo que hablan y terminan por confundir a los clientes y prospectos. Es por ello importantísimo que como vendedor seas un excelente comunicador.

Ideas primadas; si cuentas con una persona en recepción de llamadas, puede primar ideas. Por ejemplo: "Le comunicaré con Miguel, él es el experto en…" y así el prospecto queda con la idea de que Miguel le podrá ayudar en su tema.

Buen humor; y claro, las personas esperamos que el otro tenga una interacción amistosa aunque nosotros no la tengamos. Dan Ariely en su libro *Predictably irrational* habla de que los enfermeros en un hospital tenían la teoría de que jalar las vendas de manera rápida podría no prolongar el dolor a los pacientes, mientras que los pacientes preferían que lo hicieran de manera lenta aunque el dolor durara más. No te digo con esto que seas una persona que le causa dolor a tu cliente, comprende que el cerebro siempre se acerca al placer y se aleja del dolor, más bien pregúntate: "¿Cómo puedo por medio de mi producto o servicio otorgar más placer a mi cliente y alejarlo del dolor?".

Parecer familiar, trabajar con el *rapport*, emular posturas y generar confianza podrá ayudarte a lograr entrar a esa parte inconsciente de tu prospecto.

Y por último, la **facilidad**, haz que para tu cliente los procesos en la adquisición de tu producto o servicio sea fácil.

Ejemplo: ir por la documentación al domicilio del cliente; nota cómo Amazon ha ganado terreno por el simple hecho de llevar el producto a la puerta de tu hogar.

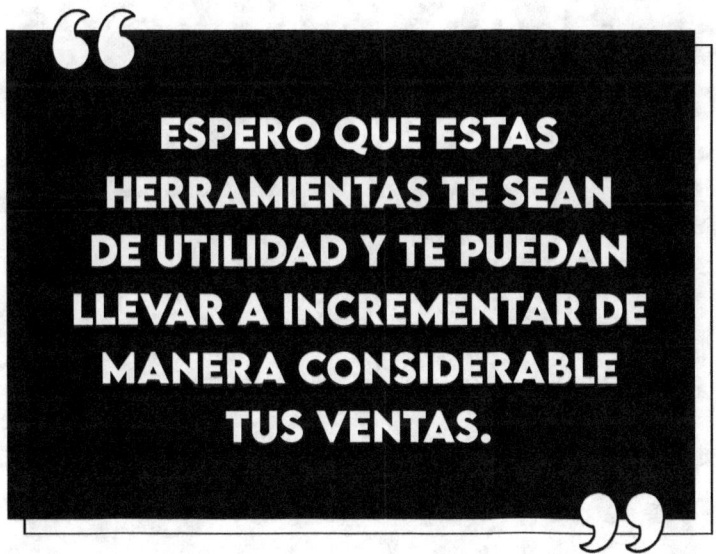

> ESPERO QUE ESTAS HERRAMIENTAS TE SEAN DE UTILIDAD Y TE PUEDAN LLEVAR A INCREMENTAR DE MANERA CONSIDERABLE TUS VENTAS.

CAPÍTULO 5

¿LAS VENTAS SON PARA TI?

"Sé aquello para lo que has nacido".

El señor de los anillos

Seamos honestos, ¿cuánta gente que no encuentra trabajo dice la frase de "aunque sea de vendedor"? Si has llegado hasta acá en el libro, también debes ser consciente de que las ventas son un camino en el que todos los días tendrás que enfrentarte al rechazo, al fracaso, al NO, al miedo al ridículo, entre otros muchos "enemigos" en el camino.

Si el éxito fuera lineal, todas las personas tendríamos éxito, tanto en nuestros emprendimientos como en nuestra vida, y muchos de nosotros nos hemos caído y levantado. Por eso, creo por mucho que uno de los valores más grandes que tienen los vendedores es la resiliencia. Esa gran habilidad de levantarnos cuando pensamos que todo está perdido, cuando pensamos que no se puede, pero hacemos un pequeño ajuste y repentinamente volvemos a agarrar *momentum* o "vuelo" en nuestro trabajo, y empezamos a vender más.

Hasta ahora, hemos visto que las ventas son finalmente un proceso en donde podemos poner nuestro toque artístico, podemos establecer muy bien definido a quién le queremos vender y los mecanismos para entablar contacto, llamar su atención, retener el interés y sobre todo comprendemos que muchas de las respuestas que tenemos por parte de nuestros clientes, son debido a la comunicación que manejamos.

También hemos visto que, mientras más podamos prospectar y dar seguimientos puntuales, más posibilidades tendremos de cerrar una venta. Además, que es importante poder tener tanto un enfoque en vender como en generar una relación con los clientes. Adicional a esto que ya vimos, en la segunda parte (que honestamente para mí es la más importante) podrás definir, primeramente, cuáles son las creencias que no te han permitido vender, que no te permiten lograr los resultados que tanto quieres lograr.

Pero antes de llegar a ese punto de quiebre, me encantaría desglosar algunos aspectos contigo para que comiences a notar si las ventas realmente son para ti, y de ser así, también ser consciente de cuáles son los puntos clave en los que requieres trabajar… ¡desde ahora!

1. **Tolerancia al rechazo**

   Cada vez que nos ponemos a prospectar, a dar seguimiento a nuestras propuestas, a pedir referidos, o bien, buscar nuevos negocios, es muy probable que nos topemos con el rechazo. ¿Sabes? y hasta puedes llegar a pensar que es a ti a quien rechazan, y es por eso que te traigo un ejemplo: quizá te han llamado de un *call center* para ofrecerte algún crédito del banco o alguna tarjeta de crédito. Es muy probable que hayas colgado el teléfono, sin embargo, a quien estabas rechazando no era a la persona, sino al mensaje que te iba a compartir.

Si recibimos más de ocho rechazos para lograr una cita, debemos ser completamente conscientes de que esto va a pasar y aprender que cada rechazo al que nos enfrentamos no es personal, simplemente rechazan el mensaje que les querías dar y hay que movernos de lugar para encontrar al siguiente prospecto. No es conveniente quedarte mucho tiempo en la situación de rechazo, ya que, ese tiempo que estás destinando a eso, podría ser mejor invertido en encontrar nuevos negocios y el sí de otro prospecto, ¿no lo crees?

2. **Orientación a resultados**

¿Cuántas veces se les pide una cuota o un presupuesto a los vendedores y quedan debajo de lo solicitado? Encima, sus argumentos son: es que *el cliente canceló*, es que *la situación está complicada*, es que *no tenemos inventarios*.

Hay una historia de Peter B. Kyne, no sé si la hayas leído, se llama *El jarrón azul*.[4] En la historia se habla de un vendedor a quien ponen a prueba y el señor mueve cielo, mar y tierra para lograr un objetivo que tenía definido. No voy a hacer *spoiler*,

---

4 La puedes leer aquí: https://alumnosdeposgrado.wordpress.com/wp-content/uploads/2014/06/el-jarron-azul.pdf

solo te diré que el tipo de energía que tiene alguien imparable, habla de una de las grandes características que debe tener un vendedor.

Además, si tú quieres crecer tu negocio, o bien, tener crecimiento en la organización, ¿qué tan importante es tener un objetivo definido y orientarte a lograrlo?

3. Empatía

Cuando nos ponemos en los zapatos del otro, es mucho más fácil conectar con nuestros clientes y prospectos. La capacidad de generar relaciones con tus clientes para entender y ver las situaciones desde el punto de vista de ellos, puede darte mayor claridad para vender, detectar cuáles son sus necesidades y adaptarte.

Déjame relatarte algo. Suelo comer bastantes ensaladas, una ocasión pedí una a domicilio y digamos que salió con una "proteína" que no había solicitado. Al momento de llamar, la respuesta de la telefonista fue "no lo creo". Inmediatamente corrí al restaurante para pedir que se disculparan y demostrarles que en efecto la ensalada tenía una cucaracha; lo único que generaron fue perder un cliente y que durante mucho tiempo comentara a mis amigos y clientes que no fueran a ese lugar.

En otra ocasión, en otro restaurante de ensaladas me salió nuevamente una proteína especial (esta vez una oruga) y al momento de comentarlo con el mesero, ellos cambiaron completamente mi comida, me dieron una cortesía y se disculparon; en este punto estamos hablando de la capacidad de empatía de uno y de otro, además de que ellos no estuvieron dispuestos a perderme.

Ser empáticos nos ayuda a que se genere una relación que va más allá de cliente-vendedor, puedes crear incluso un vínculo emocional con ellos.

4. **Habilidades de comunicación**

Ya he escrito acerca de la comunicación y de cuántas veces nos hemos encontrado con personas que prefieren estar clavados en su celular antes que estar participando en una conversación. O bien, personas que hablan con un tono tan bajo (sumiso) que es casi imposible que proyecten emociones, cuando la venta es emocional casi en su totalidad.

También hay vendedores que por no saber modular su voz hablan como si regañaran al cliente, invaden su espacio personal, no saben el tema del que están hablando y no tienen idea de qué ganará el prospecto o cliente al adquirir con ellos.

Claro está que para ser un excelente comunicador puedes empezar a practicar, tomar cursos de oratoria y los dos puntos principales para mi gusto son:

1. Saber de qué estás hablando y
2. Practicar.

Precisamente hoy en la mañana en el módulo de *rapport* con unos clientes, me preguntaba una asistente:

—Wendy, ¿cómo le hacemos si tenemos que generar *rapport* y además vender y cerrar la venta y enfocarnos en ofrecerle x producto?

Lo que le respondí fue muy sencillo, esto es con **práctica** y le puse el ejemplo de cuando aprendimos a escribir; aprendimos que la b era diferente a la p y que la q también era diferente a la d.

En PNL se habla de 4 niveles de aprendizaje:

> **INCONSCIENTEMENTE INCOMPETENTE (NO SÉ QUE NO SÉ).**
> **CONSCIENTEMENTE INCOMPETENTE (YA SÉ QUE NO SÉ).**
> **CONSCIENTEMENTE COMPETENTE (YA SÉ QUE SÉ).**
> **INCONSCIENTEMENTE COMPETENTE (NO SÉ QUE YA LO SÉ).**

CAPÍTULO 5 | ¿LAS VENTAS SON PARA TI?

Así como ahora escribes y lees de manera automática, practicando en estos cuatro niveles aprenderás a ser un mejor comunicador.

Por ejemplo, haz un listado de las actividades que te corresponde hacer en ventas:

_____

_____

_____

_____

_____

_____

_____

_____

Nota cómo en algunas de esas tuviste un proceso de aprendizaje y ahora las haces de manera automática. ¿Puedes identificar los 4 niveles en tus actividades actuales?

5. **Capacidad de negociación**

Vaya que llegar a acuerdos con los demás puede resultar una ardua tarea, y no es la intención doblegar al adversario para poder cumplir con nuestro objetivo. El negociar va más allá, enfoca el tener claro cuáles son las expectativas que tú tienes y las que tiene tu cliente o prospecto; una vez definidas, es importante que formules cuáles son las alternativas que pueden darse para seleccionar el mejor acuerdo y, sobre todo, perfeccionar el mejor acuerdo.

El punto clave cuando vamos a negociar es prepararnos. Siempre en mis cursos les comento a las personas que incluso los músicos de jazz, que hacen muchísimas improvisaciones, se preparan antes; así que la mejor improvisación es la que está preparada. Saber jugar con la resistencia de los clientes y la propia para ver en qué momentos es bueno ceder y en qué momentos mantenernos firmes, también es algo importante en la negociación.

Pondré un ejemplo muy sencillo:

- La esposa quiere ver una comedia romántica.
- El esposo quiere ver una película de acción.

Si observamos bien, ambos tienen objetivos en común: ver una película, pasar tiempo juntos, tener una cita. Y es muy común que las personas al momento de negociar se mantengan solo en la única postura, haciendo que la negociación y ambas partes terminen desgastadas.

Ya que tenemos el objetivo en común (ver una película), podemos verificar que existen diversas opciones:

- Primero la comedia y después la de acción.
- Primero la de acción y luego la comedia.
- Ver otra película.
- Ir a cenar a un restaurante.

Cuando logras encontrar acuerdos favorables para ambas partes, lograrás hacer que exista un buen ambiente, que la gente se sienta bien y estén dispuestos a negociar nuevamente contigo.

6. **Autodisciplina**

Los vendedores, en su mayoría, no tienen un horario definido y es común encontrar diversos distractores en el ambiente (llamémosle redes sociales, el grupo de chat con los amigos, el estar evadiendo la responsabilidad por miedo al rechazo, etc.). Entonces, si nosotros tenemos la capacidad de ir hacia nuestros objetivos y dirigirnos a ellos con, sin y a pesar de los factores externos, podemos establecer mecanismos de autocontrol, parámetros de seguimiento y volveremos a la actividad que debemos hacer en el momento que corresponda.

Claro está que en la postpandemia estamos en una era en la que podemos fácilmente trabajar vía remota, podemos estar en un área de la casa y seguir generando ingresos. Aun así, una de las partes que más me ayuda para la autodisciplina es generar horarios de trabajo, esto me ayuda en dos cosas: la primera es que no me voy a ir a dormir una siesta a las doce del medio día porque estoy en un horario laboral, pero también me ayuda a que a las ocho de la noche no piense en trabajar porque mi horario es hasta las seis, lo cual me mantiene con un mejor equilibrio. No sabes cómo esta autodisciplina me ha ayudado a organizarme mejor.

7. Gusto por la venta

A ver, este es digamos el punto esencial. Si no tienes gusto por las ventas, la negociación, el estira y afloje: vas a sufrir las ventas. Debes sentir placer al cerrar, al estar en contacto con las personas, al poder hablar y enfrentarte al miedo al rechazo.

En fin… ya hemos hablado mucho de algunos puntos clave, entonces en la parte dos de este libro encontrarás herramientas meramente aplicables que te ayudarán en caso de que ahora no tengas o no cuentes con las cualidades descritas en este capítulo. Solo te pediré que, así como cuando aprendiste a escribir, apliques las 3 "P":

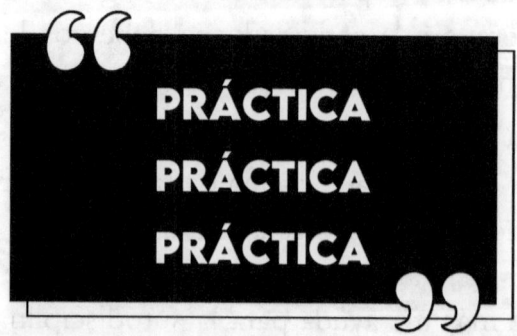

Si te fijas, en este capítulo puedes concluir que todo el mundo puede vender, pero no todo el mundo está dispuesto a esforzarse en desarrollar las habilidades comerciales antes presentadas. Quienes logren desarrollar esto por medio de hábitos, constancia y disciplina, podrán marcar esa diferencia de un vendedor "levanta pedidos" a una persona que realmente quiere Vender.

Las ventas no son para todo el mundo y también te puedo platicar que muchas veces contratamos a alguien que no tiene estos puntos por la urgencia de cubrir una vacante. A veces es bueno considerar si tienes un elemento valioso en la organización y no cuenta con estos puntos clave, para que puedas moverlo a otra área y ver cómo sí puede fluir en el área de ese nuevo departamento.

A veces, es cuestión de otorgarle el tiempo necesario a la persona para desarrollarlo, capacitarlo y mostrarle una nueva forma de hacer las cosas. Hay ocasiones en las que me he encontrado clientes que por las prisas, por tener que cubrir un espacio, contratan a una persona que no cubría con el perfil, ¡simplemente por la prisa! El punto es que a esas personas les vamos a invertir tiempo, capacitación, espacio, los vamos a presentar con los clientes y, al final, no van a durar. Es mejor desde el principio encontrar el perfil indicado.

Ahora bien, si tú sientes que las ventas no son lo tuyo, también está bien. Hay cosas que pueden ser para unos pero no para otros, simplemente debes encontrar en qué área tienes talento y gusto; y allí puedes contratar a alguien que te ayude con el área comercial. Es simple, a mí no se me da la contabilidad y es por eso que he contratado a alguien que me ayude en eso. Los perfiles son distintos y la diversidad es la que nos hace únicos. No me imagino un mundo lleno de personas iguales.

Así que te pregunto, ¿las ventas son para ti? Si has decidido que sí, buenísimo, lo que verás en los siguientes capítulos te va a ayudar a mejorar todos tus resultados.

SEGUNDA PARTE:

UN *MINDSET* IMBATIBLE

CAPÍTULO 6

LA IMPORTANCIA DE LA MENTALIDAD

El nivel de pensamiento que te ha llevado a donde estás, no te llevará a donde deseas estar.

Repito: el nivel de pensamiento que te ha llevado a donde estás no te llevará a donde deseas estar. Parece sencillo de entender, pero a todos nos resulta difícil hacer ese cambio que nos lleve a lograr nuestros objetivos.

Y sí, vamos a hablar de la mentalidad y quiero que seas muy honesto en lo que verás el día de hoy. Para mí, la mentalidad es como todo el *software* de una computadora, o las aplicaciones de una *tablet* o celular. Quiero que visualices que, si tú llenas de "basura" tu memoria, obviamente no será tan productiva como si la llenas de "información útil".

Actualmente, me gustaría comenzar haciendo algunas preguntas para descubrir en dónde estás:

1. ¿Qué es lo que no funciona en tu negocio?

_____
_____
_____
_____
_____
_____
_____

2. ¿Qué emociones existen en este momento al pensar en eso?

_____
_____
_____
_____
_____
_____

3. ¿De dónde vienen?

_____
_____
_____
_____
_____

4. ¿Cuándo fue la primera vez que experimentaste esa sensación?

_____
_____
_____
_____
_____
_____

Definitivamente, muchos podrán responder "mi negocio va bien" o "estoy en un gran momento de mi negocio", mas la pregunta es ¿y ya estás en dónde quisieras estar? Si tu respuesta es "no", ¿qué te ha impedido estar allí?

Repasando un poco esto, quiero que comencemos yéndonos al origen. Nuestro disco duro, llamémosle mmm... ¿te parece bien llamarle cerebro? ¡Excelente! Entre los cero y los ocho años nos empiezan a llenar de información nuestro disco. La cosa es que, por ejemplo, si eres de mi generación (X), lo más probable es que hayas escuchado frases tipo "es un burro", o bien, "eres la manzana podrida".

Si tan solo los adultos se dieran cuenta de que con sus acciones y palabras marcan algo que será arrastrado durante años (y mira que algunos lo hacen toda la vida por considerarlo como "verdad"). Esto ocurre porque cuando somos niños vemos las situaciones, circunstancias, palabras y problemas del tamaño del patio de la abuela, o como del tamaño del perro del vecino (mi vecino tenía un gran danés), y ya cuando crecemos no los vemos del mismo tamaño, pero los problemas los seguimos viendo como si fuéramos niños.

El punto es que así es como nosotros empezamos a tener nuestra autopercepción, criterios y opiniones, aunque quizá ni siquiera se asemeje a lo que nosotros hacemos, somos, o bien, lo que quisiéramos creer.

La mentalidad va más allá de qué libros leemos. Tú puedes leer este libro y no mover un solo dedo, y créeme, los resultados que vas a tener al final van a ser los mismos; quizá unos dólares menos por haber pagado este libro (que te lo agradezco con el corazón). También tiene que ver con las acciones, creencias, diálogos internos, paradigmas y qué tanto estás abierto a aprender y de qué personas te vas a rodear.

El impacto del poder de tu pensamiento es sumamente crítico, pero los pensamientos son diseñados en nuestra mente y como dice mi madre "la cuchara saca, lo que la olla trae adentro". Si tú tienes una mentalidad más enfocada en lo catastrófico, al "no se puede", a la tristeza o envidia, pues tus palabras y acciones van a ser diseñadas hacia eso.

Como dice la PNL:

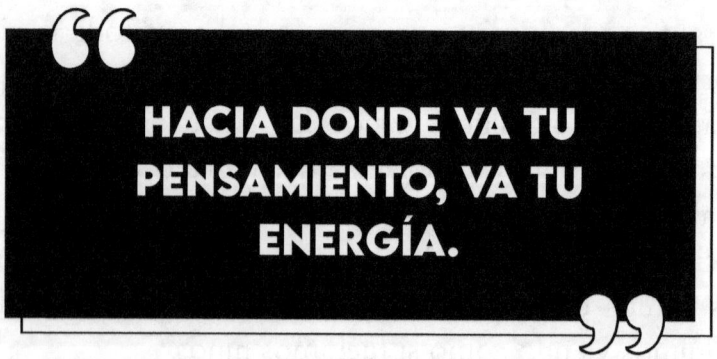

HACIA DONDE VA TU PENSAMIENTO, VA TU ENERGÍA.

Así que voy a desglosar un poco de lo que quiero compartir en este capítulo, comenzando por el concepto de "indefensión aprendida".

En 1967, Martin Selingman, bajo unos experimentos que a mi parecer no fueron muy bonitos (considérame

CAPÍTULO 6 | LA IMPORTANCIA DE LA MENTALIDAD

animal lover), tomó a algunos perros a los que empezó a exponer a descargas eléctricas. Después de un tiempo, cuando sentían las descargas, aunque les hubieran puesto una ventana para poder escapar, los perros solo se acostaban en el piso para esperar a que terminara la sensación. Sin embargo, otros perros que nunca habían sentido la descarga inmediatamente se cambiaban de lugar. Lo mismo pasa con los elefantes atados a una estaca, pero también ocurre con el hombre; el tema es que a nosotros nos ata nuestro pensamiento.

Por un momento, piensa en esos grandes sueños que quisieras lograr y todavía no has alcanzado. Inmediatamente las personas comenzamos a hablar del cómo no los hemos logrado por "x" o "y", o bien, porque son "imposibles" y yo me pregunto, ¿imposibles para quién? Para mí, pensar en imposibles es quedarse "hecho bolita" esperando la descarga eléctrica sin moverte de lugar.

El punto es que nosotros ahora tenemos una forma de percibir el mundo de algún modo, podemos ver la vida de color rosa, con tristeza, con melancolía o con el optimismo que necesitamos para lograrlo.

Todo el conjunto de acciones, habilidades, conocimientos, valores y competencias que tienes en este momento han formado tu paradigma y mira que no voy a decirte en este libro "rompe tus paradigmas" porque nunca van a ser rotos, lo que necesitamos es expandirlos para poder crecer y lo mejor de esto es que vamos a tener cada vez más acciones, habilidades, conocimientos, valores y competencias para lograr más cosas.

Simple, veámoslo como un termostato. Si tú tienes prendido el AC de tu oficina o del auto, y lo programas a 21°C, no importa si afuera hace frío, tú adentro estarás así, o bien, si estás afuera a 35°C o 40°C, dentro del auto estarás a 21°C.

Lo mismo puede funcionar en el tema de las ventas, si tú tienes programado tu termostato de las ventas a $100 000 (llamémosle pesos, dólares, unidades, *trailers* o lo que quieras), y si un mes te avientas las cosas diferentes y vendes $130 000, el siguiente tal vez bajas a $50 000 e inconscientemente así manejas tu estándar de $100 000 al mes. El punto es que de allí no sales y, ¿sabes?, eso forma parte de tu paradigma.

¿Cuál es tu paradigma en ventas?

Tiene que ver con cómo nos comportamos, cómo nos comunicamos, cómo proyectamos la información a nuestros prospectos y clientes.

El paradigma forma parte de nuestro sistema de creencias y existen dos tipos de creencias: las **creencias limitantes**, que por su mismo nombre comprenderás que nos limitan en acciones, pero también nos mantienen vivos (yo tengo la firme creencia de que no sé volar si me subo a la azotea de la oficina), y las **creencias empoderadoras**, esas nos hacen sentirnos imparables, aunque también nos hacen confiarnos de más y hay ocasiones en las que no nos salen bien las cosas.

En fin, en la que quiero hacer más énfasis es en la siguiente fase, que es la de los pensamientos. Tú eres el resultado de lo que estás pensando la mayor parte del tiempo.

> SI ESTÁS ENFOCADO A QUE "NO SE PUEDE", ENHORABUENA, TIENES LA RAZÓN.
>
> SI ESTÁS ENFOCADO A QUE "SÍ SE PUEDE", ENHORABUENA, TAMBIÉN TIENES LA RAZÓN.

Tanto paradigmas como creencias no son conscientes, esas dos se pueden trabajar con terapia, o bien, como muchos de mis clientes han manejado conmigo, con hipnosis (digámosle la autopista, porque llegas más rápido a tu destino).

Sin embargo, los pensamientos sí comienzan a ser conscientes y es allí donde te pediría, por favor, que comiences a darte cuenta de lo que estás pensando, porque esos pensamientos son los que te llevan a tener las emociones. Observa la figura siguiente:

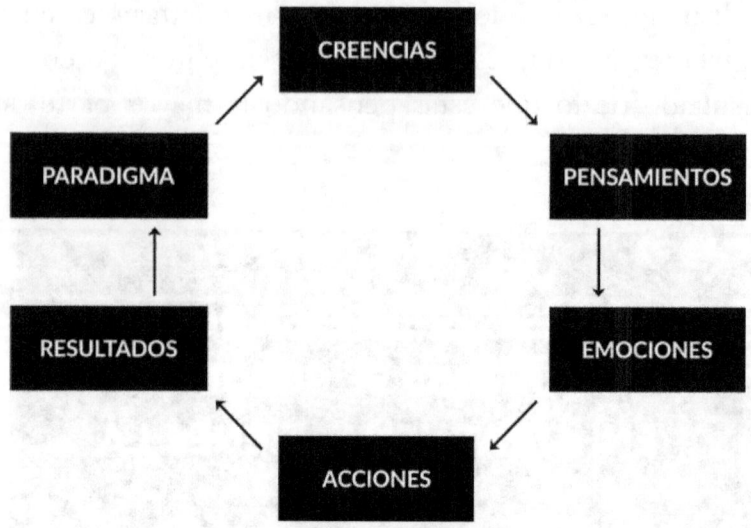

Figura 6. El poder de las creencias.

Cada pensamiento que tenemos, nos hace conectarnos con una emoción. Por un momento quiero que pienses cuántas veces no hemos estado molestos en el tráfico, pensando que para qué vamos a ver a ese cliente, si solo nos va a decir "déjame la información y te llamo". Llegamos tan emocionalmente cansados, que provocamos que nos respondan lo que habíamos planeado y con eso vamos confirmando los resultados de nuestro paradigma. La carrera continúa.

¿Cuáles son los paradigmas más comunes que podemos tener?

"No soy lo suficientemente bueno": andamos viendo el pasto del vecino que es más verde, al competidor con mejor carro o al que tiene más seguidores en Instagram; tenemos la sensación de que siempre nos hace falta algo, que hay alguien mejor que nosotros y nos dejamos afectar por esa guerra de comparaciones que nosotros nos creamos.

"No soy tan inteligente": cuántas veces nos hemos encontrado gente con grandes capacidades que, cuando hablan, uno suele quedarse paralizado porque parece que habláramos con una eminencia de la información, cuando eso no te hace ser menos inteligente que esa persona.

Quedarse sin dinero: y mira que muchos de nosotros nos hemos quedado sin un solo peso, pero siempre hay alguien bueno que nos permite salir adelante pese a esas circunstancias.

Miedo al rechazo: muchos vendedores tienden a no hacer llamadas y no buscar nuevas cuentas por temor a ser rechazados, cuando sabemos que la gente rechaza el mensaje y no a la persona.

Miedo a fallar: como si el éxito fuera lineal. Solo quiero que me digas a quién conoces que ha tenido siempre todos los éxitos sin haber caído una sola vez. Exacto, todas las personas hemos fallado, la diferencia es que quienes tienen éxito, simplemente se mueven de lugar. De hecho, la gente más exitosa del mundo es la que más fracasos ha tenido y superado.

Miedo al éxito: si ya tuviste éxito una vez, ¿qué te impide volver a tenerlo? Claro, el pensar que puedes no volverlo a tener.

Baja autoestima: ¿alguna vez has pensado en cuál es el concepto que tienes de ti?

En fin, todas estas, entre otras, son algunas de las creencias que suelen estar en nuestra mente y ¿adivina qué?, son programaciones mentales que al final pueden ser modificadas o removidas con simplemente empezar a generar nuevas conductas que nos ayudarán a lograr tener resultados diferentes.

Ahora bien, si empezamos a cambiar nuestros pensamientos, así es como funciona el resultado:

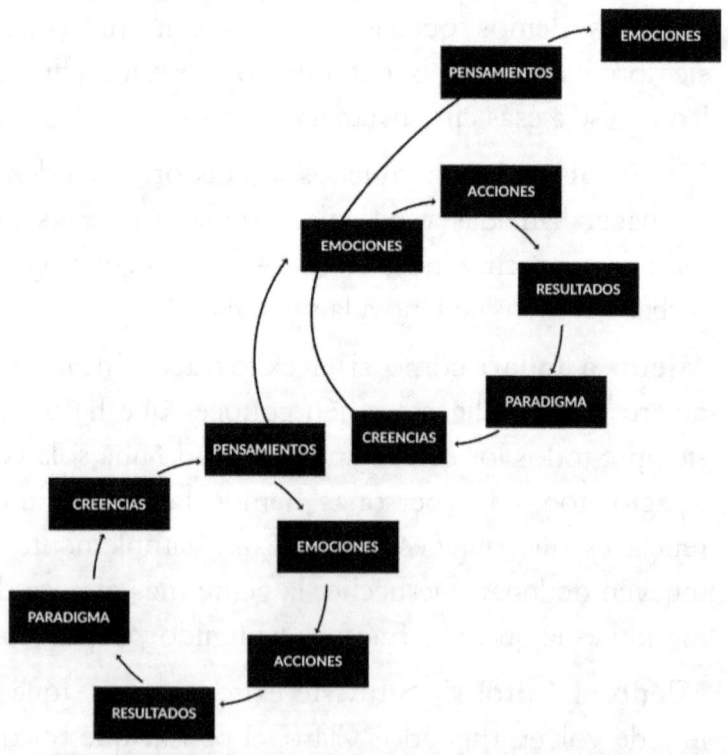

Figura 7. Empezando a cambiar nuestros pensamientos.

CAPÍTULO 6 | LA IMPORTANCIA DE LA MENTALIDAD

Claro que para poder tener una mejor mentalidad, debemos estar abiertos a la posibilidad, a la información, al *feedback* que podemos recibir de las personas, porque en una mente cerrada no podremos tener o generar nuevas ideas y nuevos resultados.

Creo firmemente que los siguientes son programas o aplicaciones que, como buen vendedor o líder de ventas, debemos tener:

Saber administrar tu energía y enfoque: esto me recuerda a una clienta que tuve, ella era dueña de una empresa inmobiliaria y me hablaba horas (afortunadamente cobro por hora, je, je, je), quejándose amargamente de una vendedora que la amenazaba con irse. Cuando le dije "¿qué pasaría si el tiempo que estás invirtiendo en pensar esto, lo utilizaras para contratar y desarrollar nuevo personal?". Su mirada cambió y estuvo preparada para el momento en el que su colaboradora eligiera irse.

En ventas, debemos siempre saber administrar el enfoque, conozco a tantos vendedores que han pasado años y siguen lamentándose de esa venta que les iba a cambiar la vida. Hay que movernos de lugar y ver hacia dónde es conveniente enfocarnos.

Saber recibir y buscar retroalimentación: tanto por parte del cliente, como de los colaboradores, a veces hasta el hecho de que te dejen en visto es un *feedback*. ¿Cuándo fue la última vez que recibiste *feedback* e hiciste cambios?

Dentro de nuestra empresa, cuando existen clientes que han dejado de comprar, solemos tomar el teléfono y preguntarles: "¿A qué se debe ya no estén adquiriendo con nosotros?".

Nos hemos encontrado con respuestas desde "perdí tu contacto", hasta "es que ahorita se nos ha terminado el presupuesto". Sin importar la respuesta, el recibir un *feedback* es mucho mejor que estar asumiendo o suponiendo información. Prefiero que abiertamente la persona me diga "compré con otro", a estar imaginándome que me odian porque no les escribí el día de su cumpleaños.

Buscar oportunidades: un vendedor es un experto en la búsqueda de oportunidades nuevas, negocios nuevos, de ver cómo encontrar nuevos servicios o productos que ofrecer a los clientes, o clientes nuevos a los cuales ofrecerles sus servicios. Vender es ayudar y, para ayudar, hay que encontrar la oportunidad.

Afrontar nuestros miedos: entiendo que vender es siempre algo que nos va a dar miedo, y dicen que cuando superas tus miedos experimentas libertad. Esto lo tienes que saber porque cuando vences el miedo, estimado lector, tendrás un *shot* delicioso de dopamina que te hará sentir cada vez más pleno y entusiasta.

Tener un propósito y motivación: vamos a ahondar más en los siguientes capítulos, sin embargo, el tener un "para qué" siempre nos va a mover de lugar.

Crear valor de lo que ofrecemos: si no crees que lo que ofreces tiene un valor para tus clientes y prospectos, déjame decirte que no tienes convicción y, por ende, no vas a convencer a nadie de lo que ofreces.

Pasión por lo que hacemos: si tú te convirtieras en tu imaginación en esa persona que recibe tu producto o servicio, me pregunto ¿qué es eso único que el vendedor te puede dar? ¿Cuál es ese valor único que tiene? Cuando te des cuenta de eso, vas a adentrarte en tu pasión. Eres un regalo para tu cliente y cuando el regalo es bueno, queremos dárselo a más y más.

Misión: me pregunto cuál es ese llamado a contribuir que fundamenta tu ser.

Visión: ¿cómo te visualizas si logras todo eso que has tenido en tu mente, eso que te ha quitado el sueño y, sobre todo, cómo se experimenta desde tu corazón y no solo del cerebro? ¿Qué emocionalidad lo acompaña?

Ambición: mucha gente considera la ambición como algo malo, mas yo me pregunto, si tuvieras la oportunidad de toparte con tu yo del pasado, tu yo bebé de tres años, ¿no considerarías que ese niño merece lo mejor? La pasión sin ambición, es un lindo sueño.

Una vez instaladas estas aplicaciones en nuestro disco duro y con lo que veremos en los siguientes capítulos, estoy segura de que vas a poder avanzar a través de esa pared que a veces nos impide triunfar en las ventas.

> **CUANDO TÚ CAMBIAS LO QUE CREES, CAMBIAS LO QUE HACES.**
> *SPENCER JOHNSON, ¿QUIÉN SE HA LLEVADO MI QUESO?*

CAPÍTULO 7

CONSTRUYE TU FUTURO DESDE AHORA

> "La mejor manera de predecir el futuro es creándolo".
>
> Peter Drucker

En este capítulo me encantaría que comenzáramos usando un sesgo cognitivo que consiste en pensar al revés. Cada sesgo es un atajo mental que solemos utilizar para "evitar la fatiga mental". No sé si tú alguna vez has resuelto un laberinto, pero si eres de los míos, siempre lo empiezo desde el final y así siento que lo resuelvo mucho más rápido; alcanzo a ver las posibles "paredes". Y es que, cuando tenemos claro el qué queremos lograr, o hacia dónde queremos ir, es mucho más fácil.

Ahora estoy leyendo *I can make you rich* de Paul Mckenna, que es una máquina poderosa de la hipnosis y en el mismo viene un CD (ya sé, estamos en otra época) con un audio hipnótico para trabajar precisamente lo que queremos construir en distintas etapas.

Entiendo que si estás leyendo esto, es porque quieres escalar tus ventas a un mejor nivel, o hacer crecer tu emprendimiento aún más.

Comprendiendo que nuestro pasado actualmente es el causante de cómo nos encontramos en el presente, me pregunto si al tiempo que hemos experimentado situaciones del pasado, actuamos en nuestro presente. Probablemente eso sea lo que defina nuestro futuro.

Hay un libro imperdible de Vienna Pharaon, llamado *Tu origen no es tu destino*, el cual con todo y el trabajo interior que he realizado, me ha dado una gran lección sobre cómo las heridas de nuestro pasado siguen estando latentes en nuestro presente. Y es que, como ya lo vimos anteriormente, las personas pasamos por experiencias que son tan fuertes en nuestro pasado, que nos han marcado en distintos factores y actualmente, en una experiencia que tengamos, comenzamos a abrir la herida que hemos vivido. Algunas de las que puedo notar que afectan nuestros resultados son:

- Sentir que Valgo
- Sentir que Pertenezco
- Querer Confiar
- Sentirse a Salvo

Y solo por poner ejemplos de cómo esto puede afectar nuestras ventas.

Sentir que Valgo

Se refiere a que, quizá en nuestro pasado, alguna persona hizo algún comentario acerca de nuestro valor, nuestra identidad, o simplemente no te presentaron muestras de que eras valorado y apreciado.

Imagínate, si tenemos actualmente esa herida, ¿qué pasaría cuando habláramos con algún cliente que consideramos importante y, al dar seguimiento, no nos respondiera la llamada? Puede ser que removamos esa herida, lo cuál nos puede paralizar y hacer que dejemos de intentar contactarlo. Siendo que, probablemente, el cliente estaba en una reunión y por eso no pudo responder.

Sentir que Pertenezco

Cada individuo es completamente diferente, sin embargo, muchas veces se llega a sentir que no pertenecemos a un grupo, o bien, que no somos aceptados en "x" o "y" género de personas. Ahora imagina, el querer "encajar" con los clientes puede llegar a ser un gran reto.

Por ejemplo, existen personas que conozco que al momento de estar en una reunión frente a directivos, sienten que no encajan en ese lugar. Muchas veces hay personas que se hacen "chiquitas" al momento de estar en un grupo determinado de personas.

Querer Confiar

Si por algo, alguien en el pasado se ha comportado de manera que no podemos confiar en él, en la actualidad puede ser que sigamos manteniendo presente esa herida.

Por ejemplo, si una persona no te pagó y quedó mal, puede que al momento de que otra te solicite un crédito sientas la desconfianza de no hacerlo. Incluso hay vendedores que no confían ni siquiera en sus propias capacidades o en el producto que venden, y a la primera objeción se rinden y se retiran de la reunión.

Sentirse a Salvo

Muchas veces, en nuestro pasado, algunas personas hemos aprendido a vivir en modo supervivencia, estando siempre a la defensiva, esperando lo peor de otra gente, o bien, lo peor de nosotros mismos.

Es por eso que muchos vendedores, al momento de recibir el primer rechazo, dejan de prospectar y solo se dedican a hacer llamadas a los mismos clientes que tienen "seguros", es decir, no exploran nuevas alternativas para poder vender más; de hecho, vuelven a abrir la herida de seguridad cuando ven que no van a recibir buenas comisiones.

Me pregunto si hay otras heridas que puedas notar en este momento. A continuación, describe en qué momentos recientes has experimentado las heridas de

Sentir que Valgo: _____
_____
_____
_____
_____

Sentir que Pertenezco: _____

_____

_____

_____

_____

Querer Confiar: _____

_____

_____

_____

_____

Sentirse a Salvo: _____

_____

_____

_____

_____

Mientras vas leyendo estas páginas y al tiempo que tienes este libro contigo, sería bueno empezar a trabajar más en lo que queremos lograr y ser capaces de soltar el pasado. Me encantaría que ahora, por favor, pudieras realizar un siguiente ejercicio, lo puedes hacer mentalmente, o bien, hacerlo en un cuaderno. De ambas formas, al tiempo que vas haciendo este ejercicio, notando lo que tendrás que notar y definiendo lo que tienes que definir, observarás cambios radicales en la forma de percibir las cosas.

Podrías hacer esta interiorización ahora, solo te pido que por favor puedas hacer este ejercicio con plena convicción, con plena confianza y sin distracciones, ya que no es necesario que lo hagas con prisa, es mejor que lo hagas a conciencia para empezar a darnos cuenta de todo aquello que actualmente nos lleva a donde queremos, o bien, nos aleja de lo que queremos lograr.

En tu presente, ¿qué es todo lo que tienes, lo que has logrado, los triunfos y fracasos, tus conductas, tu entorno, conocimientos, capacidades, creencias, valores y en quién te has convertido hasta el día de hoy? Escríbelo en las líneas de abajo.

Ejemplo: *actualmente duermo 5 horas, fumo, no hago ejercicio, tengo ventas pero no las que quisiera tener, estamos rentando una casa, tengo esposa y dos hijos. Estoy vendiendo al 60% de mi cuota de ventas. Me cuesta trabajo pedir apoyo.*

_____

_____

_____

_____

_____

_____

¡Eso es!, créeme que el poder valorar y darnos cuenta de en dónde estamos parados hoy, es el inicio de un gran logro. Para mí, es como cuando vamos al médico, allí el doctor o doctora nos pide hacer unos estudios que le darán una línea base para diagnosticar y atender nuestro malestar, y eso es ahora lo que importa: darnos cuenta de en dónde estamos parados para saber qué tenemos que hacer.

Ahora que has terminado de escribir tu presente, me gustaría que por favor, en algún momento, puedas comenzar a escribir tu pasado. Entiendo que hay cosas que pueden ser fuertes, sin embargo, tú eres capaz de verlas a través de una pantalla.

Una vez, ante mi divorcio, una persona me dijo que "Dios le da sus peores batallas a sus mejores guerreros", así que como un gran guerrero que ha pasado esas batallas, comienza a escribir o a interiorizar lo que ha ocurrido en tu pasado.

Ejemplo: *tuve un padre ausente, que no estuvo a mi lado, aprendí a hacer las cosas desde pequeño solo. Dejé mi casa a los 18 años, justo cuando me fui a estudiar a la universidad. Me casé con Mary cuando teníamos 28 años y tuvimos gemelos.*

_____

_____

_____

_____

_____

_____

¡Lo estás haciendo increíble! Por favor, quiero que notes algo, ¿cómo se siente saber que todo lo que ocurrió en tu pasado, es lo que ha definido tu presente? Una persona podría no saber que lo que ha pasado en su pasado, es lo que ha definido su presente. Sin embargo, es bueno honrarlo, es bueno aceptarlo y sobre todo, saber que gracias a eso estamos donde estamos, nos guste el resultado o no.

Ahora, me gustaría que por favor te dieras cuenta: si sigues haciendo lo que haces en el presente, el futuro que quieres estará más cerca, ¿sí o no?

Y hablo de todos los aspectos de tu vida. Si tú ahorita me dices "sí", adelante, sigue por el camino que vas, y tal vez en el futuro requieras hacer algunos ajustes que te permitirán llegar a donde tú quieras estar.

Ejemplo: *si sigo fumando puedo enfermar y dejar a mis hijos solos, y si no vendo al 100% de mi cuota, no voy a tener el dinero necesario para comprar una casa.*

_____

_____

_____

CAPÍTULO 7 | CONSTRUYE TU FUTURO DESDE AHORA

_____
_____
_____
_____

Ahora, si eres de los míos, que dicen "¡ah caray!, como que esto no me está gustando del todo", empezaremos a resolver el laberinto al revés, ¿me acompañas?

No vayas a escribir o interiorizar tan rápidamente, la gente que quicre lograr grandes cosas está dispuesta a tomar el tiempo necesario para ver hacia dónde quiere llegar porque es importante saber cuál es el objetivo para ir por él. En las siguientes líneas, podrías escribir hacia dónde quieres llegar, mas me encantaría que también lo hagas de manera vívida.

Ejemplo: *estoy abriendo la puerta de mi casa nueva, estamos en una inauguración y mi familia está presente. Está mi esposa y los gemelos. Tengo un gran estado de salud.*

Escribe a conciencia a dónde quieres llegar y empieza a experimentar la sensación de que ya lo has logrado, es una buena experiencia el sentirse de esta manera, ¿no es así?

_____
_____
_____

_____

_____

_____

_____

Imagina en dónde estás, con quién estás, en qué fecha lo has logrado y una vez que lo tengas claro, te pido por favor que comiences a visualizar que llega repentinamente tu yo de la fecha del día de hoy (2024 o cuando estés leyendo este libro) y una vez que lo tienes frente a ti, te va a preguntar ¿cómo lo lograste? Y tú podrías darte cuenta de los cambios que hiciste en tu vida mientras ibas avanzando en el tiempo para llegar a donde estás.

Así que, con calma, tranquilamente, comienza a compartir con tu yo de la fecha actual (2024) cuáles fueron los ajustes necesarios que hiciste, paso a paso.

Ejemplo: comenzar a cuidar mi salud, empezar a pedir apoyo a los demás... Vencer el miedo a llamar a nuevos prospectos y encontrar nuevos negocios, vender más productos a los clientes actuales....

_____

_____

_____

_____

_____

_____

Y una vez que has dado toda la información necesaria, regresa a ser tu yo del presente (2024) y define cuáles son los pasos que requieres hacer para llegar a tu futuro soñado. Uno debería tener claro hacia dónde va para poder llegar fácilmente. Nadie dice que el camino no tendrá baches, pero sí que podremos cambiar la llanta y esquivarlos más fácilmente si tenemos los recursos y herramientas necesarias.

Ejemplo: *1. Dejar de fumar (hacer terapia de hipnosis para dejar definitivamente el cigarro). 2. Hacer listado de prospectos...*

_____

_____

_____

_____

_____

_____

En cuanto empieces a tener claro el camino, podrás empezar a trazar la ruta necesaria para llegar allí.

El tema es que muchas veces las personas no tienen claro qué es lo que quieren lograr, o bien, hacia dónde se quieren dirigir y por lo tanto van sin rumbo. Las personas más exitosas que conozco tienen claro cuál es el sentido de lo que hacen y hacia dónde quieren dirigirse.

Si no sabes hacia dónde vas, es muy fácil perderte en el camino. Y es un hecho que te encontrarás con terribles enemigos, las heridas que comenté anteriormente podrán querer aparecer, pero como en las películas de acción, siempre el héroe por más herido que esté resulta victorioso. ¿Qué te impide resultar victorioso en tu propia vida?

> **NINGÚN HOMBRE ESTÁ VENCIDO MIENTRAS ÉL MISMO NO SE RINDA EN SU PROPIA MENTE.**
>
> **NAPOLEÓN HILL**

Una vez dicho esto, me encantaría que te dieras cuenta de cómo debes pensar, sentir y actuar para llegar a esas metas. Y claro que vas a encontrar en el camino que el éxito no es lineal, si eso fuera realidad pues todos seríamos exitosos. Sin embargo, en el capítulo siguiente veremos la importancia de no desistir, no dejarnos caer; la mayoría de la gente que no tiene éxito es porque muy fácilmente tiran la toalla, y no precisamente en la playa para recostarse.

Probablemente a estas alturas del libro, ya sepas que la mayoría de las personas que tienen éxito en las ventas tienen un mejor trabajo interior, tienen claro qué es lo que hacen y hacia dónde van, pero también tienen claro que si algo no está funcionando hay que moverse de lugar y dejar de hacer lo mismo.

¿Qué ajustes son los que vas a establecer desde ahora para llegar a tu futuro deseado?

_____

_____

_____

_____

_____

_____

_____

A veces, un pequeño ajuste puede modificar todo lo que tenemos o hacemos. Ejemplos:

- Dejar el celular fuera de la recámara 2 horas antes de dormir, nos ayudará a dormir mejor y disminuir la adicción al celular.

- Comenzar a caminar en cuanto nos levantamos en la mañana para sudar el cortisol y ejercitar nuestro cuerpo.

- Llamar a la semana a ese prospecto que no nos respondió y nos sentimos rechazados, para dar un seguimiento puntual y vender más.

- Comenzar a tomar agua recién nos levantamos, para así evitar que nuestro cerebro esté deshidratado y tomemos mejores decisiones.

- Comenzar a ordenar nuestra base de datos para actualizar los datos de nuestros clientes.

- Empezar a hacer una campaña de Referidos para incrementar nuestra prospección.

Recordando que todo es de perspectiva, ¿cuál es la perspectiva que necesitas ahora para poder mejorar tus resultados en ventas y en la vida en general?

Espero que en el siguiente capítulo podamos disfrutar juntos cómo marcar una verdadera diferencia que tarde o temprano se verá reflejada en ti, en tus resultados, en tu vida y, por supuesto, en tus ventas.

CAPÍTULO 8

UN CAMBIO DE HÁBITOS

"Los costos de tus buenos hábitos se dan en el presente.
Los costos de tus malos hábitos se darán en el futuro".

James Clear

Ahora que ya hemos definido qué es lo que debemos hacer en nuestras vidas para llegar a donde queremos llegar, es momento de revisar un pequeño detalle que no te compartí.

Quiero que por favor imagines que en tu cerebro, así como cuando uno levanta pesas en el gimnasio y el músculo toma una forma, en nuestro cerebro también se forman conexiones llamadas "conexiones sinápticas" cuando lo usamos, es decir, el cerebro forma en su interior surcos de acuerdo a lo que hacemos, nuestras conductas y obviamente por esas conexiones pasan los neurotransmisores. Nuestro cerebro tiene una red de conexiones hecha que se basa en nuestras acciones, conductas, comportamientos, creencias, valores y todo lo que tenga que ver con nuestros hábitos.

Es por eso que cuando conoces a alguien que quiere dejar de fumar, repentinamente lo vuelves a ver fumando, ya que su red de conexiones está tan arraigado que no es fácil cambiar ese hábito. ¿Tiene más caudal de agua un río o un arroyo? ¡Exacto! El caudal que tenemos en nuestras conexiones es equivalente al de un río, siendo que nuestros nuevos hábitos son simplemente pequeños arroyitos que comienzan a pasar neurotransmisores, pero por medio de muchas cosas que veremos a continuación, pueden ser tan caudalosos como el río que teníamos, o bien, incluso más caudalosos.

¿Qué se te viene a la mente cuando hablamos de hábitos?

De acuerdo con la RAE, un hábito es un "modo especial de proceder o conducirse adquirido por repetición de actos iguales o semejantes, u originado por tendencias instintivas".

Entonces, los hábitos son repeticiones de actos iguales, pero me encantaría decirte que para llegar a un punto donde tengamos *momentum*, que a mí me gusta decirle "vuelito", requerimos hacernos conscientes de los hábitos que nos llevarán directamente al éxito de las mismas y también hacer a un lado los hábitos que actualmente nos están llevando al hoyo y seguimos cavando.

Es por eso que en las siguientes líneas me complace presentarte los hábitos que a mi parecer no son los adecuados para llegar a tus metas de ventas y tranquilo, también te presentaré los que a mi parecer son los que te llevarán a tener un gran éxito en las ventas.

Hábitos que no te llevarán a ningún lado

Estrés

Aunque somos personas, digámoslo así, "civilizadas", en una parte de nuestro cerebro todavía estamos en modo supervivencia y en un entorno en el que vivimos en constante cambio. Es importante darnos cuenta de que en nuestro cerebro habita la hormona del estrés llamada Cortisol, esta hormona, que también es buena (nos ayuda en momentos de riesgo junto con la adrenalina para movernos rápido y sobrevivir, además de que es la que nos despierta por la mañana), es acumulable. ¿Te ha pasado alguna vez que estás muy estresado y tienes la sensación de estar abrumado? Después de eso, muy probablemente te estés muriendo de sueño y es el cúmulo de estos químicos que tenemos en nuestro cuerpo. Es por eso importante que utilices herramientas que te ayuden a manejar el estrés de una mejor manera.

Veámoslo como un venadito que toma agua en un riachuelo, tranquilamente, cuando de repente un puma llega a quererlo atacar; el cortisol y la adrenalina suben para poder salir corriendo y escapar (modo de supervivencia). Quince minutos más tarde, ese venado estará tomando agua tranquilo sin llegar a estar ya estresado y tampoco pensando en "qué colmillos tenía ese puma" o "casi me mata", el venado sigue adelante con su vida tranquilamente y hablando de los colmillos del puma.

Pensamientos negativos o rumiantes

Otra forma de acumular nuestro bendito cortisol es estar pensando continuamente en las cosas que no funcionan, o bien, pensamientos negativos. Las personas tienden a tener sesenta mil pensamientos por día y ¿adivina qué?...

La mayoría son pensamientos negativos que no te ayudarán a encontrar la solución de los problemas en los que nos encontramos, sino que solamente estarás dándole vueltas al problema.

Por ejemplo, cuando hemos tenido una mañana difícil, vamos a suponer que tenemos una cotización que se convertiría en la gran venta, en "la venta", y el primer email que recibimos por parte de nuestro cliente es para decir que no lo va a comprar porque la competencia da un 20% más barato que nosotros. Te podría apostar que la mayoría de las personas durarán todo el día pensando en qué fallaron, qué hicieron mal, en por qué la competencia es mejor que ellos; hay otros que pensarían que su jefe no los apoya, que no funcionan en ventas, que no hicieron lo mejor que pudieron, que no sirven para vender; y otros pensarían en ponerse a vender otro producto o servicio. Y el mismo tiempo que pasan en estar pensando en su desgracia, podrían estar pensando en dónde más podrían vender, a quiénes más podrían vender.

Abusar del uso de redes sociales y celular

Las redes sociales son muy poderosas, son buenas si las utilizamos para vender. Desafortunadamente, muchos de mis clientes han estado quejándose continuamente de que sus vendedores tienden a estar en redes sociales mucho tiempo, ¿a poco? Vamos a hacer un experimento matemático. ¿Listo?

Supongamos que en redes sociales duramos 6 horas al día (independientemente del Whats si lo usamos para vender).

6 horas por día X 7 días a la semana = 42 horas

42 horas semanales X 52 semanas al año = 2184 horas

2184 horas / 24 horas = 91 días

Estamos hablando de que si juntáramos todas las horas que pasamos en redes sociales "pasando el tiempo", serían casi 3 meses. ¡Increíble, verdad!

Ahora, piensa si esas horas las dedicáramos a mejorar nuestras habilidades, o bien, si estuviéramos implementando ese tiempo en vender. Cambiarían nuestros números, ¿verdad?

También tenemos que comprender que en el celular existe presente la hormona llamada Dopamina, que es la que se da cuando tenemos un logro. Los picos que tenemos de dopamina cuando abusamos del celular son muy altos y los picos de caída son muy bajos; es por eso que las personas tienden a abusar de redes sociales. Cuando tenemos un logro, el pico de dopamina es alto, pero cuando baja, llega a niveles normales. En otras palabras, nos hace sentir bien pero no nos damos cuenta de las afectaciones que nos provoca pasar tanto tiempo atrapados en las redes.

Por otro lado, veamos esta tabla comparativa de lo que sí y lo que no hay que hacer.

LO QUE SÍ	TIEMPO	RESULTADOS	LO QUE NO	TIEMPO	RESULTADOS
Subir reels para negocio	10 min	Tus clientes ven tu contenido	Ver los reels de *influencers*	40 min	Nada bueno
Mandar mensajes a prospectos	60 min	Agendar citas	Ver información que desmotiva	60 min	Desmotivación
Subir contenido de valor	15 min	Que la gente te conozca	Subir quejas y molestias	15 min	Que la gente te conozca y no de muy buen modo
Comentar a prospectos para hacer *priming*	20 min	Que te volteen a ver	Criticar a alguien	20 min	Genera discusiones
Buscar prospectos	60 min	Ventas	Buscar al ex	60 min	Problemas emocionales

Figura 8. Lo que sí y lo que no hay que hacer.

Dispersarte en actividades que no corresponden a la venta en horarios productivos

Si bien, es cierto que debes trabajar más inteligentemente, es importante generar un sistema que pueda brindarte una mejor productividad. Me he topado a lo largo de mi carrera con vendedores que estando en horarios en los que podrían estar vendiendo mejor se van al casino.

Es válido a veces (sobre todo por estar en ventas) ser dueños de nuestro tiempo, sin embargo, debemos ser conscientes de en qué momentos sí podemos dispersarnos y en qué momentos es más conveniente enfocarnos en estar generando, ¿has escuchado la frase de "tiempo es dinero"? Para mí es una mentira, debido a que el dinero se da de acuerdo a dónde enfocamos nuestro tiempo.

Una vez dicho esto, me encantará que podamos notar cuáles son los hábitos que nos podrán sumar en la vida, esos hábitos enriquecedores que han sido también parte de personas exitosas.

Hábitos que suman

En el año 2020, en el mundo vivimos una etapa crucial en nuestras vidas, ninguno esperábamos una pandemia que detuviera gran parte de las actividades de nosotros como humanos. En esa época, recuerdo que todos estábamos a punto de vivir un periodo que iba a cambiar la forma de capacitar (ya existía, mas esta época puso el pie en el acelerador).

A partir de ese momento y por salud mental, leí tres libros que tal vez ya conozcas: *Hábitos atómicos*, nos habla de mejorar nuestros hábitos con actividades que nos hagan ser siempre mejores cada día; *Mañanas Milagrosas*, que habla prácticamente del ABC de actividades que te pueden ayudar y *El club de las 5 a.m.*, que para mí es un recordatorio de las ventajas de preparar tus rutinas.

En ese tiempo, claro está, mis oficinas estaban cerradas y las capacitaciones y *coaching* que teníamos eran precisamente en línea, lo cual me hacía estar encerrada en casa la mayor parte del tiempo, solo salía para ir a comprar víveres y pasear a mis perros.

Sin embargo, gracias a esos tres libros aprendí que los siguientes hábitos me han llenado de dopamina (sin rebote) y adicional a ello, cada cierto tiempo tiendo a agregar un nuevo hábito a mi vida, lo cual es gratificante y cada día me hace ser y estar bien. Te dejo algunos que he practicado y por ello te los comparto con todo gusto.

Meditar

No pienses en que es necesario tener unos cuencos tibetanos (si los tienes, excelente). Si eres experto en la materia, enhorabuena, la meditación es la forma más plena de generar autoconciencia y escuchar nuestros pensamientos, aunque hay un punto en el que simplemente dejarás de escucharlos. Para mí, lo que empiezas a escuchar es a tu alma, tu parte más vulnerable, tu corazón o, como dicen muchos, "orar es hablar a Dios", meditar es cuando Dios te habla.

Existen muchas formas en las que se puede meditar, puedes entrar a un curso o puedes incluso poner los audios que proporcionan las plataformas digitales. Otra forma en la que puedes meditar es simplemente con piernas y brazos descruzados, durante un minuto o dos, enfocarte única y exclusivamente en la respiración. Te garantizo que si comienzas a hacerlo diariamente, podrás reducir el estrés y la ansiedad.

Ejercicio

Como decía hace ya un rato, llegamos a acumular cortisol en nuestro cuerpo y la mejor manera de poder sacarlo de nuestro sistema es por medio del sudor, hacer ejercicio es una forma de mejorar nuestro cuerpo, pero también nuestra mente. No con esto te digo que te obligues a ir al gimnasio todos los días y levantes 120 kilogramos en cada brazo (si lo haces, dime cómo). Si eres de los que nunca han sido buenos para ejercitarse, puedes comenzar caminando todos los días, una caminata de 15 minutos cada tercer día es un buen inicio. Otra forma es buscar una actividad que te guste, puede ser el baile, defensa personal, tenis de mesa o cualquier actividad que pueda ayudarte a mejorar tu estado de ánimo y eliminar el cortisol.

Levantarte temprano

Aquí viene lo bueno, hay gente que se siente *morning person* ja, ja, ja... y la verdad es que sería una de esas definitivamente. Hay ocasiones que despierto 4:30 a. m. y otras a las 5, ya he llegado a una edad que ni siquiera los domingos puedo levantarme tarde y si por algo lo hago, me siento mal conmigo porque el día no me alcanza.

Normalmente estamos acostumbrados a levantarnos, bañarnos y si nos da tiempo desayunar e irnos a trabajar. No obstante, si te levantas más temprano notarás que el día rinde mucho más y te sentirás más productivo.

Pagarte el día

Este hábito se complementa con el punto anterior. Antes de empezar mi día laboral, es donde más me enfoco en pagarme el día. Por favor, no vayas a pensar que me doy 100 dólares diarios ja, ja, ja, me refiero a hacer algunas de las actividades que más me gustan antes de iniciar mi día. Por ejemplo, uno de mis *hobbies* favoritos es la canofilia y mi parte favorita es cuando por las mañanas puedo sacar a mis perros a pasear, así hago algo que me gusta antes de trabajar y me pago el día.

Claro que también mis hábitos se enfocan en trabajar mi mente, leer todos los días, escribir en mi diario, decirme cosas agradables al espejo, tomar mi café sin prisa o sin tener que llevármelo en el termo y manejar mientras lo bebo. Es una buena forma de regalarme esos minutos para mí.

Preparar tu día

Manejar una agenda con las actividades que haces todos los días te podrá llevar a prepararte, a estar listo para la acción, a saber prevenir los posibles temas que puedan llegar a suscitarse en tu día a día. Incluso, podrías empezar a prepararte desde un día antes al ver qué actividades harás y qué va a ser necesario. Hay que recordar que la mejor improvisación es la preparada.

Pensamientos positivos

Recuerdo una historia muy divertida en la que, en un pueblo, iba un señor a todo galope, con el caballo corriendo a una velocidad impensable. Cuando su amigo le preguntó:

—¿A dónde vas, amigo?

Este le respondió:

—Pregúntale al caballo.

Con esto quiero mostrarte que los pensamientos van ligados siempre a nuestras emociones.

Si tenemos sesenta mil pensamientos diarios, como lo vimos anteriormente, me pregunto ¿qué es lo que piensas la mayor parte del tiempo? ¿Ves la carencia o la abundancia? ¿Ves el problema o la solución?

Si por algo no podemos controlar nuestros pensamientos y nos vamos como el hombre en el caballo, es bueno pedir ayuda, puede ser con un *coach*, un psicólogo, un psicoterapeuta; la idea es que tú eres lo que piensas la mayor parte del tiempo, así que sería bueno ser alguien grandioso, ¿no lo crees?

Finalmente, aquí te dejo un ejemplo de cómo los hábitos pueden sumar o restar. Imagínate una persona que tiene el hábito de no dormir, y a fuerzas necesita mínimo 6 horas de descanso, así que no está dispuesto a sacrificar ni un minuto de esa rutina. Su día es así:

6 A. M.	Suena el despertador y como no duerme aplaza la alarma.
7 A. M.	Despierta.
8 A. M.	Sale corriendo a su cita.
9 A. M.	Llega a la cita de las 8:30 tarde y no lo reciben.
10 A. M.	Va camino a la cita de las 10:30 corriendo.
11 A. M.	Llega tarde a la siguiente cita y el cliente está molesto.

Figura 9. Horario de persona sin hábito de descanso.

¿Qué crees que diga esa persona al final del día? Claro: "hoy me levanté con el pie izquierdo, no es mi día y apenas son las 11 a. m.", determinando una actitud negativa para su día y resultados escasos.

Ahora veamos un ejemplo de alguien con buenos hábitos:

6 A. M.	Suena la alarma y despierta.
7 A. M.	Desayuna y sale a su cita.
8 A. M.	8:30 atiende su cita y es recibido.
9 A. M.	Sale a su cita de las 10:30.
10 A. M.	Llega puntual y el cliente está satisfecho.
11 A. M.	Alcanza a ir a su oficina a hacer actividades pendientes.

Figura 10. Horario de persona con hábito de descanso.

¿Qué crees que piensa esta persona? Claro, puede pensar: "qué día tan productivo, ya van dos citas y apenas son las 11 a. m." y podrá crear cosas nuevas, con una actitud positiva y orientada a tener más resultados.

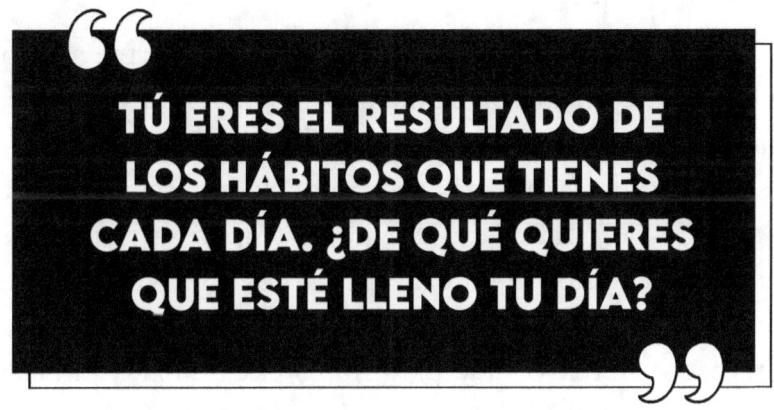

> TÚ ERES EL RESULTADO DE LOS HÁBITOS QUE TIENES CADA DÍA. ¿DE QUÉ QUIERES QUE ESTÉ LLENO TU DÍA?

Quiero que nos remontemos al año 2020, cuando se detuvo todo por la pandemia COVID-19. Recuerdo perfecto que, en esa fecha, el tema de la capacitación para muchos clientes no era una actividad esencial por el hecho de no poder reunir personas en un espacio físico; sin embargo, se comenzó a generar la capacitación en línea, lo cual cambió la dinámica de vida de todos.

Aunado a esto, como todo se hacía desde casa, solía levantarme a las 8 a. m. para arrancar el trabajo a las 9. El problema fue que dormía mucho más de lo debido y además sufría de la ansiedad del encierro, el cual afronté con mucho consumo de harinas, azúcares y tanta chuchería que se podían adquirir en las escapadas al supermercado. Entonces comencé a ganar peso, a incrementar los niveles de cortisol por tanto estrés y ansiedad. Mi fiel compañero, el internet (en conjunto con las redes sociales), era el proveedor diario de dopamina, que como lo hemos estudiado, puede dar unos "bajones" considerables y mis resultados no fueron los óptimos, tanto en mis ventas como en mi estado anímico, y tampoco en el cuerpo que quería.

Un día, llegó a mis oídos la idea de levantarme a las 5 a. m. para comenzar a cambiar mis hábitos; obviamente, solo de pensarlo una parte de mí se sintió abrumada (y eso que todavía no me levantaba). Luego, cuando por fin logré despertarme a esa hora, empecé a notar que había más tiempo para realizar todas esas actividades que había estado postergando, desde el darme tiempo para mí, hacer ejercicio (que para mí es el caminar, estirar el cuerpo o una clase de yoga en línea), meditar y callar a la loca que tenemos de repente en la cabeza, escribir en un diario para poder hacerme consciente de mis pensamientos y darme cuenta de si no sumaban en mi vida para tomar cartas en el asunto, tomar mi delicioso café al leer un buen libro. De repente, levantarme a esa hora y usar el tiempo para mí se volvió parte de mi vida. Ya estos hábitos están instalados como lavarme los dientes, es decir, ya forman parte de mí. Posteriormente, comencé a grabar mi pódcast "El cocowash de las Ventas" y por medio de él, llegó una empresa uruguaya que fue quien me contactó para poder impartir un par de conferencias en Colombia por primera vez. Eso era un sueño que tenía y que pudo ser una realidad.

Ya instalado el hábito de las 5 a. m., me fui directo al tema del peso. Empecé a cuidar de una mejor manera mi alimentación y paso a paso me fui dando cuenta de cómo cada cambio que ejerces para convertirte en una mejor persona, en ser el o la mejor, te acerca mucho más a tus metas. No estoy hablando de que des un giro de 180° repentino, pero si tan solo lo pensamos, si tú fueras hoy la persona que sueñas ser, ¿cómo te comportarías? ¿Qué pensarías? ¿Cuáles serían las conductas que llevarías en tu día a día?

Muchos lectores pueden preguntarse "¿qué diantres tiene que ver esto con las ventas?" y puede que tengan razón, mas estoy 100% segura de que una persona que tiene mejores hábitos en su vida, tiene por lo tanto una mejor autoestima, y al tener una mejor autoestima, tiene más seguridad al momento de ponerse a vender.

Al momento de visitar a sus clientes, una persona que pasa mejores momentos consigo misma, sabe el valor que tiene y no se derrumbará al momento de los rechazos a los que nos enfrentamos a diario en las ventas.

Esto ocurre porque tus resultados siempre van a depender del cúmulo de hábitos que tengas en tu día a día. Solo te dejo estas dos preguntas para reflexionar:

1. ¿Cuáles son los hábitos que me acercan a mis sueños?
2. ¿Cuáles hábitos que tengo ahora me alejan de mis sueños?

En el siguiente capítulo, vamos a reforzar un poco lo que hemos visto hasta hoy.

CAPÍTULO 9

MOTIVACIÓN VS. CONSTANCIA

"Nunca empieces a dejar y nunca dejes de empezar".

Ignacio Larrañaga

Ahora quiero que pensemos en los gimnasios durante el mes de enero, es decir, llenos; es más, me atrevo a decir que están abarrotados ¿verdad? Pero observa en el mes de marzo o abril cómo van cada vez siendo menos las personas que están en él y no importa que hayas pagado la suscripción anual, simplemente es distinto cuando uno se encuentra motivado a cuando estamos siendo constantes.

Hace tiempo, en una entrevista de radio, la conductora me comentaba que para año nuevo hacía una dinámica muy bonita. Ponía a sus amigos y familia a escribir sus propósitos y cada uno los guardaba en un sobre que ella se quedaba. A los seis meses, les mandaba las cartas a sus dueños, ¿te imaginas el impacto que generó en ellos?

La constancia en la vida es la que hace que existan los hábitos, ya he hablado de algunos el capítulo anterior, mas mi intención en este libro no es que salgas y digas "ay, voy a ser el mejor vendedor" y te conviertas solo en una llamarada, sino que seas ese fuego constante que tiende a estar encendido pese a las inclemencias, pese a los climas fríos y lluviosos, pese a las enormes tormentas que se puedan avecinar.

El éxito no es una constante, pero los pasos que te conducen a él sí lo son. Motivarte puede ser muy fácil, puedes pensar en ir a unas vacaciones y querer que te quede ese traje de baño que en las últimas fotos como que no se veía muy bien; claro que te pondrás a dieta y te moverás para hacerlo. Pero, ¿qué hacemos cuando tenemos que hacer algo que no nos mueve?

Comencemos por estudiar a la motivación, a la cual me gusta dividir en 3 tipos:

1. **Motivación por miedo:** ejemplo, si mi jefe me amenaza y me dice "si no vendes, te voy a despedir". Es una motivación muy poderosa, pero tiene caducidad. Hay un punto en el que, cuando nos enfrentamos tanto a lo que tememos, solemos generar una insensibilización y apatía que probablemente no nos mueva de lugar.

2. **Motivación por incentivos:** ejemplo, si vendes "x" producto te ganarás un bono (los premios son buenos). Sin embargo, puede ser un error obtener ese bono, porque empezamos a decir "ah, me diste esto para que me moviera, ¿ahora qué me vas a dar para que me mueva después?" y así empezamos a condicionar nuestro propio esfuerzo.

3. **Automotivación:** bien, si tienes claro que cuando vas a vender lo lograrás pero no para obtener regalos o evitar regaños de tus líderes, sino la satisfacción de haber logrado tus metas ("si vendo, voy a poder pagar ese viaje tan soñado"),

estamos hablando de automotivación. Es cuando nosotros definimos cuáles son nuestros para qué y ahora sí empezamos a movernos a la acción, pero ¿qué ocurre cuando no logramos llegar a lo que nos habíamos propuesto?

Ojo, no me refiero a que estar motivado sea malo, al contrario, si podemos ser constantes en el nivel de motivación es espectacular; el punto es que solemos tener sube y bajas en las motivaciones porque al final somos seres emocionales, ¿qué pasa cuando estamos desmotivados? Tendemos a tener baja energía, nos enfocamos en que todo está mal y empezamos a ver el puntito negro en el arroz.

Hay ocasiones en las que nos motivamos por resultados, por llamar y lograr una cita; entonces lo volvemos a hacer y así vamos hasta que llegamos a las metas. A partir de ese momento parece que nos motivaremos por método, ya sabemos quién nos va a comprar, ya sabemos quién no nos va a comprar y dejamos a un lado la constancia que veníamos manejando. Claro que allí es el punto en donde tocamos fondo, nos estancamos.

¿Alguna vez has sentido que no está funcionando nada de lo que estás haciendo?

Por eso mi insistencia en trabajar directamente desde la **constancia**.

Acabo de ver una imagen en redes sociales que me encantó, decía lo siguiente:

> **CUANDO LA MOTIVACIÓN SE ACABA, ES LA CONSTANCIA LA QUE NOS MANTIENE.**

Te voy a hacer una pregunta muy simple: ¿Te lavas los dientes a diario?

Si tu respuesta es no, ¡¡¡por favor, corre al baño y hazlo!!!

Si tu respuesta es sí, date cuenta de que eso es de manera constante y has estado haciéndolo durante mucho tiempo, ya de manera regular. Así, por medio de la repetición es como has estado aprendiendo que los hábitos son de manera constante, incluso hay algunos que llevas años llevando a cabo.

Por ejemplo, puedes comenzar a trabajar tu día fijando ciertos horarios, definiendo en qué momento podrás dejar las partes más difíciles; esas las suelo dejar por la mañana para que mi día sea lo más placentero posteriormente, es un consejo que leí en el libro de Bryan Tracy, *Tráguese ese sapo*.

Claro que, para ser constante, se necesita tener mucha voluntad. Encuentro vendedores que sus números no son una constante, de repente tienen meses buenos y hay otros meses en los que sus números se encuentran por los suelos y esto se debe a la dispersión del enfoque que necesitan para llegar. Debido a que muchas veces confiamos que siempre vamos a tener los mismos números en nuestras ventas, hay ocasiones en que nos distraemos de la meta y al momento de que llegan los cierres de mes, pues… no llegamos a la meta.

Claro está que la constancia es algo que se puede aprender, mas ¿qué pasa dentro de nosotros que nos impide ser constantes?

Puede ser que se deba, incluso, a qué aprendimos desde niños del tema de la constancia.

¿Qué aprendiste de los adultos que influyeron en tu crianza acerca de la constancia?

_____
_____
_____
_____

¿Qué te decías a ti mismo acerca de la constancia?

_____
_____
_____
_____

¿Qué te decían de niño acerca de la constancia?

_____

_____

_____

_____

Enseguida tocaré algunos puntos que podemos detectar como los terribles enemigos de la constancia:

Estar sobrepensando

A veces los pensamientos rumiantes nos llegan y de qué forma, si pasa "x" entonces "y", y por tener un exceso de pensamientos rumiantes terminamos por hacer absolutamente nada. Al contrario, muchas veces vamos en retroceso, como si en lugar de ir por nuestros sueños, por nuestras metas, nos empezáramos a poner el pie. Tal parece que el autosabotaje quisiera ser nuestro mejor aliado y vaya que muchas veces lo logra.

Conozco personas que han tenido grandes puestos y emprendimientos muy buenos que por cuestión de estar sobrepensando, en lugar de tomar decisiones han afectado sus resultados, incluso algunos han llegado a perder lo que habían llegado a tener. A veces es bueno aventarnos y hacer ajustes en el camino, que estar ajustando algo que ni siquiera hemos empezado.

Dentro de las personas que he tenido el gusto de conocer a lo largo de veinte años de dar capacitación, muchas veces he visto que la misma gente no se atreve a hacer una llamada pensando en que las personas los van a rechazar, piensan que si una vez ya quedaron mal en una entrega, se convencen de que desde allí rompieron relaciones comerciales con sus clientes. Total, hay ocasiones en las que nos sentimos rechazados y lloramos antes de que nos den una nalgada.

Recuerdo perfecto a un cliente (si lees esto, espero no sepas que fuiste tú, je, je, je). Este cliente dijo:

—Wendy, ya estamos, nos vemos tal día para que des la capacitación, te pago un día antes.

Claro que un día antes del "evento" nos dejó en visto y no se hizo el tema de la capacitación; después dejó de respondernos. Si con mi equipo hubiéramos estado sobrepensando, creeríamos y daríamos por hecho que nunca más en la vida iba a respondernos y ni siquiera hubiéramos hecho el esfuerzo de volver a escribirle o hablarle.

Sin embargo, la clave fue darle seguimiento. Atravesar la barrera del miedo al rechazo y darle ese seguimiento. Actualmente es un cliente recurrente y da varias capacitaciones a su fuerza de ventas al año, de lo cual mi equipo y yo estamos agradecidos.

Sentir que no estamos listos, que algo nos hace falta

Hay ocasiones que puedes decir, "no tengo orden en mis llamadas porque me hace falta el CRM", bueno, si no lo tienes, ¿qué otras alternativas puedes hacer desde ahorita para comenzar a ordenar tus llamadas? Conozco gente que se la pasa tomando cursos porque creen que no saben lo suficiente cuando son tan capaces e inteligentes. Sin embargo, el tema de sentirnos poco suficientes también puede llegar a afectar nuestra constancia. Hay una sensación de vacío o de que algo hace falta, cuando lo único que requerimos es comenzar a dar el primer paso para ver todo lo que podemos lograr.

Cuando inicié por mi cuenta en esto de las capacitaciones, me la pasaba tomando cursos y certificaciones y no me atrevía a grabarme y lanzar más información, sentía que no era suficiente lo que sabía para poder compartir con los demás. Muchas veces nos hemos enfrentado a sentir que no somos suficientes. Hoy, en una charla le platicaba a mi equipo que, de repente, hay competidores que postean una foto del dedo chiquito del pie y tienen más de 100 interacciones en 5 minutos, mientras yo a veces posteo algo y la única interacción (que para mí es la más valiosa) son las palabras de ánimo de mi madre.

Aun así, debo ser consciente de que muchas veces lo que sabemos y las capacidades que tenemos siempre van a poder sumar algo para los demás, debemos darnos cuenta de lo siguiente:

> **¿CUÁL ES EL VALOR ÚNICO QUE TENGO PARA DAR A LOS DEMÁS?**

Quiero compartirte que si bien al inicio me daba pena grabarme y postear contenido, hoy mi canal de YouTube tiene 5300 suscriptores (no sé si son muchos o pocos, pero sí que los tengo gracias a mi esfuerzo). Y con esta experiencia de compartir contenido entiendo y soy consciente de que no a todo el mundo le funciona lo mismo, pero el hecho de que algo de lo que comparto le ayude a alguien, que mis palabras tengan valor para quien las necesite, eso me hace dar ese valor único.

Pensamientos de crítica

Nuestra capacidad de criticar a los otros es tal, que muchas veces vamos deteniéndonos de todo lo que podemos brindar al mundo por el temor a ser criticados. Honestamente y te lo digo de todo corazón, las personas que suelen criticar a otros, ni siquiera se han movido de lugar. Las personas exitosas ni siquiera tienen tiempo de estar criticando, al contrario, alientan a los demás, los apoyan y están en una continua creación.

Hemos aprendido que las cosas tienen que ser perfectas y ¿quién lo dice? Claro que esos pensamientos de autocrítica están presentes en nosotros y son continuos, mas debemos aprender que quizá esa crítica ni siquiera nos pertenece, a veces son las voces de quienes fueran nuestras figuras de autoridad retumbando en nuestra mente.

Imagínate, en noviembre de 2023 estuve en una conferencia ante 500 personas, los clientes hasta hicieron un bello video de introducción acerca de mí. No bueno, mi ego andaba al mil por ciento y al subir al escenario... ¡¡¡zas!!! Me tropiezo de tal forma que parecía que me iba a caer. Claro que mi crítico interior dijo "¿¡cómo pudo pasarte esto!?". Lo único que les dije fue:

—Así me gusta iniciar mis conferencias, generando ruido —y sí, había pegado un grito de ¡¡¡ay!!! que no te imaginas.

Todos terminaron bien en la conferencia, el objetivo se logró y ese error simplemente existió, pero no fue lo más importante. ¿Te imaginas si me hubiera dejado derrotar en ese momento por aquel accidente? A veces es importante enfocarnos en la comida completa, en lugar de enfocarnos en el "negrito del arroz".

Parálisis por análisis

¿Cuántas veces hemos analizado todas las opciones viables en nuestras situaciones y, cuando ya pensamos que vamos a tomar una decisión, nos damos cuenta de que la oportunidad ya pasó? O bien, pudo ser ese viaje que era una gran oportunidad y no nos atrevimos, o llamar a ese prospecto que sabemos necesita nuestro producto pero por miedo a que el competidor, o que los tiempos de entrega, o que los precios (tantas cosas que pasan por la mente de uno), no nos movemos a la acción y nos damos cuenta de que al final sí terminó comprando algo que pudiste venderle.

Hay un vendedor que realmente aprecio mucho, pero no ha llegado al punto donde podría estar. Es talentoso, carismático, muy inteligente y tiene un buen producto, pero desafortunadamente, cada vez que me tocó verlo trabajar se la pasaba arreglando la base de datos de la cámara de "x", de la cámara de "y" y nunca ejecutaba. Claro que no ha llegado a los números que la empresa le ha solicitado, porque se la pasa analizando lo que va a decir, las empresas en las que podría entrar. Al final, de tanto planear, termina sin ejecutar. Esa es la situación de muchos vendedores talentosos alrededor del mundo. ¿Qué pasaría si comenzáramos a aventarnos más?

Entiendo que nos guste analizar las alternativas, pero no podemos estar procrastinando las decisiones para darnos el tiempo de analizarlas, el punto es que al final de cuentas no lo hacemos.

Sin embargo, tal parece que muchas veces los hábitos en los que somos constantes, son aquellos que no suman en nuestras vidas.

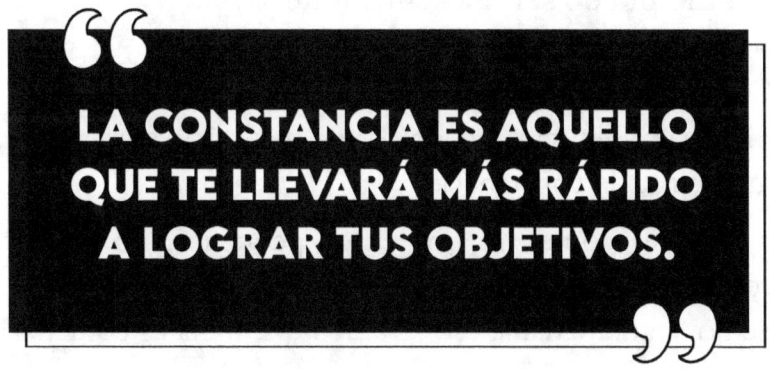

LA CONSTANCIA ES AQUELLO QUE TE LLEVARÁ MÁS RÁPIDO A LOGRAR TUS OBJETIVOS.

En el año 2017, mi padre sufría un cáncer grave de pulmones, recuerdo ese día de abril en el que lamentablemente falleció. Pasamos por todo el proceso del funeral, y al día siguiente lo llevamos a incinerar. Ese mismo día tenía yo una charla de lenguaje corporal con las personas de una asociación.

Por un tema meramente personal pude haber dicho que no podía, mas mi madre me había enseñado que uno debe ser disciplinado. No te puedo decir si estuvo bien el no haberme ido a llorar mi duelo en ese instante, aunque claro que al salir me fui directo a casa a dormir, a llorar y vivir mi duelo; pero la vida continúa y no podemos paralizarnos esperando a que llegue una señal divina o un milagro a nuestras vidas.

Los milagros pueden ser creados a través de nuestra constancia. No podemos llegar al éxito teniendo momentos en los que demos todo y después dejemos de hacer.

¿Cómo puedo ser más constante?

Creo que el punto tiene que ver con la voluntad, mientras más voluntad tengamos, es más fácil comenzar a mejorar en la constancia.

Puedes comenzar por pasos pequeños, no te digo con esto que necesitas triplicar o cuadruplicar tus ventas de hoy para mañana, eso lo único que haría es comenzar a generar frustración.

Una parte que puedes comenzar a hacer es por medio de pequeños pasos, ir avanzando poco a poco a tu futuro deseado. Por ejemplo: si sé que cada 20 llamadas puedo generar 4 citas, y de cada 4 citas genero 1 venta y me piden 30 ventas por mes, entonces estamos hablando de que cada día debo hacer 20 llamadas diarias. Es mucho mejor enfocarse en "hoy debo hacer 20 llamadas" a pensar "¡rayos!, tengo que vender 30 en el mes".

Otra parte importante es que puedes comenzar agregando hábitos después de un hábito que ya tengas instalado. Si todas las mañanas te preparas un café puedes agregar, "mientras tomo el café podré ver la agenda del día para saber las actividades que tengo planeadas y no se me escape ni un detalle".

Adicional a eso, para ser constante en cosas que no suman es muy fácil, así que podemos comenzar a hacer que las cosas que no suman se conviertan en cosas difíciles; por ejemplo, si voy a fumar, guardo los cigarrillos en la habitación de arriba para tener que subir las escaleras. Te aseguro que con dificultades así en poco tiempo comenzarás a bajar la cantidad de cigarros que fumas.

Mas estas palabras que te digo se resumen en una sola. Todo esto de lo que te hablo no sirve si tú no te atreves a trabajar desde la **voluntad**. Si quieres ver resultados, tanto en tu vida como en tus ventas, la parte de la constancia es la clave, sin embargo, una persona sin voluntad, es como un barco a la deriva que llegará a donde lo determine el aire, o en este caso, a donde lo determinen otras personas. Si en este momento yo te pregunto ¿hacia dónde quieres llegar?, y tu respuesta es un "no sé", entonces debes empezar a pensar que hay que tener claro hacia dónde vas para de allí poder definir tu camino. Si ya tienes claro hacia dónde vas, mi pregunta sería ¿cómo debe pensar, sentir y actuar una persona que ya ha logrado sus objetivos?

Debes tener muy claro que la constancia es la que te ayudará en esos momentos de flaqueza, en esos momentos que quieres tirar la toalla; es la que te hará fuerte en esos instantes de debilidad.

CONCLUSIÓN:

"El conocimiento, si no se sabe aplicar, es peor que la ignorancia".

Charles Bukowski

Muchas veces cuando estoy dando un taller, me encanta al final decir lo siguiente:

"Los cursos no sirven".

La cara que ponen las personas después de haber tomado un curso y haberlo pagado, es de sorpresa, pero bien, ahora a ti te digo:

"Los libros no sirven".

Déjame explicarte. Es como ir al nutriólogo, tú puedes ir, te pueden medir el porcentaje de grasa, de músculos, darte una dieta. Pero si no la sigues, de ninguna forma podrás llegar a la figura que quieres.

En ventas, podemos seguir haciendo lo mismo que hacemos ahora y vamos a tener el mismo resultado o quizá hasta podamos bajar nuestro rendimiento.

Hay dos tipos de mentalidad en este mundo: primero están las personas de mentalidad cerrada, quienes no creen que pueden aprender cosas nuevas, que eso no funciona y observa cómo muchas personas están queriendo incluso tener la razón de que no hay forma de poder establecer cambios e incrementar sus números. Conozco gente que ha incluso quebrado en su empresa, con la finalidad de tener la razón de que eso no se puede.

Por otro lado, hay personas de mentalidad abierta, quienes se enfocan directamente en aprender cosas nuevas, implementar lo aprendido, establecer cambios y paso a paso se enfocan en el cómo sí, se enfocan en dar el máximo para lograr sus objetivos y crecer sus emprendimientos y ventas. Estas son las personas que se enfocan en tener resultados. Yo me pregunto, hasta ahora ¿tú quieres tener la razón o tener resultados? Piénsalo bien.

Durante un año completo, laboré en una empresa en donde todos adoptaban una mentalidad cerrada, creían que la empresa iba cada vez peor y por más que uno pueda intentar dar alternativas, proyectos o visualizar diferentes escenarios, debemos ser conscientes de que la mentalidad cerrada no va a aceptar nuevas ideas y que al final del día es algo que se puede contagiar, así que cuando terminó el tiempo previsto con el proyecto, me despedí de ellos. Quedarse en un ambiente así es sumamente peligroso, es como un virus que se contagia entre

CONCLUSIÓN

las personas, acompañado de cierta arrogancia y pesimismo. Posteriormente y con cambios en el personal de la compañía, sé que ahora va mejor, lo cual me da muchísimo gusto.

Podría compartir contigo todas las veces que las personas se han enfocado dentro de mis talleres en el "cómo no", desde "eso no funciona (refiriendose a las técnicas enseñadas)" (no es que no funcione, es que no lo han implementado) sobre todo cuando hablo de técnicas muy diferentes, hasta malas actitudes. Lo único que te puedo decir es que, si con esa actitud vamos a "vender", difícilmente podremos estar en sintonía para lograr nuestros objetivos en ventas.

En este libro, que ha sido dividido en dos partes, hicimos hincapié en técnicas y tácticas de ventas que te ayudarán a poder mejorar, tanto en tu comunicación como en tus números. Sin embargo, la parte fundamental de un vendedor es mejorar en su *mindset*, eso es lo que no te dicen de las ventas: si tu interior está bien, todo tu exterior te garantizo que va a fluir muchísimo más.

Hemos hablado desde el cómo debe ser tu proceso de ventas y la importancia de hacer los ajustes necesarios para poder lograr que la máquina de ventas que tienes pueda tener superbién el engranaje y fluya de manera espectacular.

También hemos visto por qué muchas veces los clientes nos mandan a "la chingada" y cómo poder prevenirlo; además, debiste evaluar en qué lugar de los tipos de vendedores te encuentras y cómo puedes moverte de lugar para lograr ser un vendedor que se enfoca tanto en las relaciones como en los resultados.

Desarrollamos algunas herramientas de ventas que te serán útiles y fáciles de aplicar desde un principio para poder mejorar tus números, tu comunicación y vender mejor.

También dijimos que las ventas no son para todo el mundo, que muchas veces las ventas son para aquellas personas que les mueven los retos y que enfrentan sus miedos.

De allí dediqué la segunda mitad de este libro a platicar de la importancia de la mentalidad, de cómo hemos tenido desde nuestra infancia creencias que nos han limitado a lo largo de nuestra vida y también el cómo podemos transformarlas por medio de cambiar nuestros pensamientos, que son aquello con lo que ya podemos controlar nuestros resultados.

De aquellos hábitos y también de los químicos que nuestro cerebro genera al momento de tenerlos y cuáles sí son favorables. Hemos tenido un recuento de hábitos que pueden conducirnos al fracaso y otros que pueden conducirnos al éxito.

Finalmente hemos hablado de cómo la motivación puede acabarse, pero la constancia es la que nos mantendrá a flote.

Solo si pones todo esto en práctica podrás generar ese *mindset* imbatible que te permita cumplir con éxito un proceso chingón de ventas que impulse tus resultados.

CONCLUSIÓN

Y después de todo este recorrido, quiero expresarte que para mí es un placer haber estado contigo durante estas páginas y de todo corazón deseo que disfrutes este libro y lo implementes.

Si quieres contactarme, puedes hacerlo por medio de las redes sociales @wendysofiarc en Facebook, Instagram, Threads, X, Tiktok o bien, puedes ver mis videos en youtube.com/wendyramirez o si no, tengo un pódcast que se llama "El cocowash de las ventas".

Va a ser un orgullo ver que ahora hagas lo que corresponde y mantenme al tanto de tus resultados, muchas gracias por estar aquí. Te mando un beso.

WR

AGRADECIMIENTOS

Sé que hay muchísimas personas que han estado detrás de que este sueño pueda ser realidad.

Gracias Oliver por contactarme con Ariel, a quien agradezco que este sueño pueda estar plasmado. Gracias a Mauricio, quien ha aguantado a esta intensa escritora. Gracias a todas las personas que en los talleres me han solicitado libros. Gracias a los asistentes de mis cursos y a mis seguidores en redes sociales, ustedes son un gran motor para que me dedique a lo que hago. Gracias a Francisco González, eres un gran escritor a quien admiro tanto que espero un día ser tan grande como tú.

Creo que el tema de gratitud es un don que no todos sabemos valorar. A veces nos enfocamos directamente en la carencia y no en las cosas buenas que podemos tener. He pasado por tanto en la vida y quiero mencionar a Aldo Facio, que fue mi primer instructor y líder formal en el tema de ventas; gracias por haber coincidido en esta vida aunque fuera por pocos años, quizá Dios necesitaba un gran vendedor en el cielo.

Gracias madre por ser siempre mi oído de soporte, mi contención, y darme grandes ideas que puedo compartir y platicar experiencias en mis talleres. Gracias a toda mi familia, quienes han sido siempre el pilar de mi vida.

Gracias a todos mis maestros que me han dado conocimiento que puedo compartir, a veces hay cosas que quizá no tenían que ver con ventas y aún así sé que me han ayudado a que mi estado interior sea fuerte. Gracias Wendy Barajas por estar siempre en mi vida y ser quien me ayuda a alinearme, gracias Lucía Araujo por ser mi *Mindset Coach*, tú me has guiado para poder salir triunfante, gracias Gustavo Cisneros por todos estos años ser un soporte.

Gracias querido lector por tener este libro en tus manos, gracias por confiar en esta loca que tiene tanto que compartir. Gracias a todos mis clientes, gracias porque a través de ustedes he podido realizar este sueño.

Por último (los últimos serán los primeros), gracias a Dios, llámale energía Universal, Inteligencia Universal o Allah; de tu mano siempre he logrado las cosas, siempre contigo puedo llegar hacia donde sueño llegar. Sin ti no soy nada, contigo me vuelvo invencible, mi señor. Tú eres la fuerza, tú eres todo lo que una persona necesita, lo demás se da por añadidura; gracias por ayudarme a lograr la inspiración y compartir esto.

Gracias, gracias, gracias.

SOBRE WENDY RAMÍREZ

Mercadóloga con más de 21 años de experiencia en capacitaciones de ventas, mindset y liderazgo, Ha impartido cursos de Neuroventas y Lenguaje corporal a diversas empresas a nivel internacional. Debido a su formación en Programación Neurolingüística y en Hipnosis, su enfoque humanista la ha llevado a convertirse en un Coach especializado en desarrollar los resultados de vendedores, líderes y emprendedores.

SER
Editorial

¡Me gustaría saber tu opinión!
Escríbenos un correo a:
contacto@sereditorial.com
www.sereditorial.com

www.ingramcontent.com/pod-product-compliance
Lightning Source LLC
Chambersburg PA
CBHW071920210526
45479CB00002B/490